铸牢中华民族共同体意识与中国式现代化的推进

胡玉定 ◎著

九州出版社
JIUZHOUPRESS

图书在版编目（CIP）数据

铸牢中华民族共同体意识与中国式现代化的推进 / 胡玉定著. -- 北京 : 九州出版社, 2024. 11. -- ISBN 978-7-5225-3474-9

Ⅰ. C955.2; D616

中国国家版本馆 CIP 数据核字第 2025DV0539 号

铸牢中华民族共同体意识与中国式现代化的推进

作　　者　胡玉定　著
责任编辑　沧　桑
出版发行　九州出版社
地　　址　北京市西城区阜外大街甲 35 号(100037)
发行电话　(010)68992190/3/5/6
网　　址　www.jiuzhoupress.com
印　　刷　北京四海锦诚印刷技术有限公司
开　　本　710 毫米×1000 毫米　16 开
印　　张　12.75
字　　数　207 千字
版　　次　2025 年 3 月第 1 版
印　　次　2025 年 3 月第 1 次印刷
书　　号　ISBN 978-7-5225-3474-9
定　　价　58.00 元

前　言

在21世纪这个全球化和信息化迅速发展的时代，有太多全球文化的广泛交流与碰撞，以及多元文化在国际舞台上的相互作用和影响。在这一过程中，中国特色社会主义文化，特别是强调中华民族共同体意识的思想理论，凭借其深远的历史底蕴和独特的思想价值，在全球范围内引起了广泛关注和高度评价。中华民族共同体意识，作为一种深植于中华文化土壤的思想精髓，不仅根植于中国这片广袤的大地，更逐渐成为世界理解中国、认识中国的重要窗口，成为全球文化交流中的一道亮丽风景线。

随着科技的不断进步和全球视野的扩大，如何在继承传统的同时寻求思想与文化上的创新，如何将中华民族共同体意识更有效地融入现代化建设和全球化过程中，以及如何让这一深厚的思想在新的时代背景下焕发出新的活力，成为重大挑战。面对这些挑战，需要深入探索和思考中华民族共同体意识的传承与创新之路，不仅要注重保护和挖掘其深层文化与思想意义，更要积极探索其与现代社会治理、教育和国际交流的新结合。应借助现代科技的力量，创新教育和传播模式，让中华民族共同体意识在全球化的大背景下展现出更加丰富多彩的面貌，同时也让世界各地的人们能够更直观地感受到这一思想的独特魅力和中华文化的深厚底蕴。

因此，关于中华民族共同体意识如何在传承与创新中寻找平衡，如何在全球文化交流中发挥其独特作用的探讨，不仅对于中国特色社会主义文化的发展具有重要意义，也对于推动全球文化多样性的保护与发展具有深远影响。在新的历史时期，这无疑是每一个热爱和研究中华民族共同体意识、推动中国特色现代化进程的人应当担当的使命与责任。

本书不仅为中华民族共同体意识和中国式现代化的学术研究与政策制定提供宝贵的资源，同时也对于推广和深化这两个概念在全球化进程中的应用，提供重要的理论支撑和实践指导。本书在撰写过程中，不仅深入研究了大量的文献资料，也广泛收集了来自政策制定者、学者及实践者的经验和观点。尝试在尊重传统与理论的基础上，探索中华民族共同体意识与中国式现代化的创新路径，力求在理论与实践之间建立桥梁，为中国的社会发展和文化传承贡献力量。

目　录

第一章　中华民族共同体意识的理论认知 …………………………… 1

第一节　中华民族共同体意识及其功能 …………………………… 1
第二节　中华民族共同体意识的内容分析 ………………………… 13
第三节　中华民族共同体意识的重要价值 ………………………… 20
第四节　铸牢中华民族共同体意识的条件与关系 ………………… 29

第二章　以文化认同铸牢中华民族共同体意识 …………………… 36

第一节　文化自信与文化认同 ……………………………………… 36
第二节　文化认同铸牢中华民族共同体意识的理论基础 ………… 48
第三节　文化认同铸牢中华民族共同体意识的逻辑机理 ………… 51
第四节　文化认同铸牢中华民族共同体意识的提升路径 ………… 54

第三章　中华民族共同体意识的推进与保障对策 ………………… 63

第一节　高校铸牢大学生中华民族共同体意识的对策 …………… 63
第二节　互嵌式社区铸牢中华民族共同体意识的进路 …………… 74
第三节　大数据赋能铸牢中华民族共同体意识的路径 …………… 84
第四节　铸牢中华民族共同体意识的法治保障解析 ……………… 89

第四章　中国式现代化道路的背景与价值 ………………………… 102

第一节　中国式现代化道路的形成逻辑 …………………………… 102
第二节　中国式现代化道路的核心要义 …………………………… 106
第三节　中国式现代化道路的中国特色 …………………………… 121
第四节　中国式现代化道路的价值意蕴 …………………………… 124

第五章　中国式现代化的推进路径探索 …………………… 133

第一节　中国式现代化背景下的诚信建设 ………………… 133
第二节　中国式现代化道路的话语体系建构 ……………… 138
第三节　中国式现代化进程中的绿色生活方式 …………… 145
第四节　中国式现代化进程中的共同富裕实现 …………… 152

第六章　中国式现代化视域下中华民族共同体意识的发展 ……… 169

第一节　中国式现代化与中华民族共同体的关联 ………… 169
第二节　中国式现代化进程中加强中华民族共同体建设的价值 ………………………………………………………… 173
第三节　中国式现代化视域下铸牢中华民族共同体意识的进路 ………………………………………………………… 185

参考文献 …………………………………………………… 194

第一章　中华民族共同体意识的理论认知

第一节　中华民族共同体意识及其功能

一、中华民族共同体概述

人类从孤立分散的个体向共同体发展的历史必然性，民族作为人类共同体的基本形式具有稳定性和持久性。共同体的形成需要长期的兴衰历程和密切的交互作用。中华民族被视为一个被紧密结合起来的共同体，其关键因素包括开拓疆土、书写历史、创造文化、培育精神。接下来将重点分析中华民族作为政治国家共同体、历史文化共同体、社会生活共同体和精神命运共同体的四个方面。

（一）中华民族是政治国家共同体

中华民族作为政治国家共同体，其形成与发展与特定的政治组织形式紧密相连。在古代，中华民族与中国王朝政治交织，王朝统治形成了松散的政治共同体。近代以来，随着民族国家的兴起，中华民族作为一个自觉的共同体在全球民族国家建设中占据重要地位。中华人民共和国的成立标志着中华民族成为现代国家形式的民族共同体，通过建立民族区域自治制度，尊重各民族的多元性，保障了中华民族的一致性。这一过程突显了中华民族作为历史文化共同体的独特性，强调了其在文化认同上的特点，反映了对中华民族形成和发展历史的深入思考。

（二）中华民族是历史文化共同体

中华民族作为历史文化共同体，在形成和发展过程中凸显了多样性与统一性。文化差异的存在是中华民族统一的前提，各地区的地域性文化和特色传统构成了多元的文化面貌。然而，随着历史的进程，这些文化逐渐相互影响、融合，形成了统一而又多样的中华文化格局。这种文化统一并非简单来源于政治因素，而是更多地根植于中华文化本身的特点。中华文化表现出开放性、包容性、世俗性，以及集大成的特质，各民族文化交融相融，共同构成了中华文化的丰富多彩。此外，中华民族的历史文化共同体与政治国家共同体密不可分，文化认同是国家稳定和发展的重要基石。因此，强调中华民族的历史文化共同体有助于凝聚建设中华民族战线，助力实现中华民族的伟大复兴。

（三）中华民族是社会生活共同体

中华民族作为社会生活共同体的形成既基于特定的地理空间，也受到经济贸易往来的影响。地理空间划定了社会生活的基本区域，马克思主义强调地域是民族生存和发展的必要条件，而中华民族的生存空间自古以来就被视为其生存的基础。经济贸易往来促进了中原与周边民族之间的交流，茶马互市等贸易活动成为民族间经济联系的重要形式。通过这些交流，各民族之间不仅实现了物资交换，也促进了文化和生活方式的交流与融合。同时，不同民族的居住形式，如大杂居、小聚居、交错居住，也为社会生活共同体的形成提供了条件。随着现代化进程的推进，各民族之间的交流更加频繁，人口流动、经济发展等方面都发生了变化，这也有助于促进中华民族社会生活共同体的形成和发展。

（四）中华民族是精神命运共同体

中华民族作为精神命运共同体，在政治运动、历史文化和社会生活中逐渐形成。这种共同体在层次上高于血缘和地缘的联系，反映了人们在精神层面上的契合和彼此间的影响。中华民族的形成历程中，各民族相互影响、相互充实，形成了紧密的血脉联系。历史上，在外来侵略面前，各民族团结一致，共同抗击敌人，将命运和血脉紧密地熔铸在一起。

同时，中华民族以爱国主义、团结统一、勤劳勇敢等精神为核心，在改革开放的进程中团结奋斗、共同进步，形成了以改革创新为核心的时代精神。在全球化的背景下，中华民族精神命运共同体彰显了全球化时代的空间属性、利益属性和价值属性。它强调各民族之间的相互联系、相互依存，也反映了风险社会的利益属性和多元文明的价值属性。

中华民族精神命运共同体与人类命运共同体和自由人的联合体密切相关，是向自由人的联合体过渡的起始阶段，为构建更加广泛的整体性共同体创造了条件。虽然在当前阶段，民族和国家之间的差异和隔阂仍然存在，但构建中华民族精神命运共同体是缩短和减轻人类发展阶段的痛苦的一种重要尝试。

二、中华民族共同体意识的三重理路

不同的学者基于不同的研究视角会对民族提出不同的定义和解释，但整体上，民族意识可以分为客观性和主观性两个方面。“客观性强调了地域、语言、祖先等实体内容，而主观性则指民族成员的民族意识和激情。”① 作为意识形态或价值诉求的民族主义的目标在于唤醒和培养民族成员的民族意识，甚至将其视为比民族实体更为重要的东西。民族是想象的共同体。首先从马克思主义关于意识与物质的辩证关系出发去考量民族意识与民族本体之间的关系，即对中华民族共同体意识进行本体论的认知，这构成了第一重路径。其次，将意识视作历史性的现实产物，分析中华民族共同体意识的历史性锻造，形成第二重路径。最后，从意识的能动角度出发，从理论层面对中华民族共同体意识进行价值性考量，深入回答“中华民族共同体意识是国家统一之基、民族团结之本、精神力量之魂”的问题，形成第三重路径。

（一）中华民族共同体意识的本体论认知

民族意识是民族共同体中的主观性内容，在塑造和发展民族共同体过程中扮演着重要角色，尤其是在民族主义兴起中。民族意识作为意识的一种特殊类型，包含着意识的普遍性特征。因此，必须从马克思主义关于物质与意识的相互关系、意识产生和发展的一般性论述和特征中，来看待民族意识的生成与发展，以便实现对中华民族共同体意识生成的本体论澄明。一方面，意识是对客观世界的反映，共同体意识是对共同体本体的一种认识。马克思认为，意识是人脑对客观世界的反映，是客观存在投射到人脑后形成的主观映像。中华民族共同体意识就

① 郑永年. 中国民族主义的复兴——民族国家向何处去［M］. 北京：东方出版社，2016：59.

是对中华民族共同体的客观事实的主观映像。另一方面，共同体意识与共同体之间的关系是一种双向互动的过程。人的意识具有的主观能动性表现在人们从客观现实中引出概念、思想和计划等具有目的性、方向性和预见性。

（二）中华民族共同体意识的历史性锻造

无论是社会意识的社会性需求，还是意识形成和发展所需的现实情境要求，都需要将意识放置于不同的情境、社会和历史中进行考量。历史是第一位的，而逻辑只是对历史的认识。要真正认识现实，必须考察其历史根源，研究其发展过程，才能认识现实中的各个因素及其相互关系。中华民族共同体意识作为各民族社会交往的产物，根植于历史，经历了孕育、形成和不断发展的过程，展现出不同阶段的特征，从不充分、相对片面逐渐走向深入和全面。

中华人民共和国成立后，平等、团结、互助、和谐的民族关系奠定了中华民族共同体意识的基础。中国共产党提出了建设各民族共有精神家园的理念，将平等团结互助和谐作为社会主义民族关系的本质特征。在新时代，加强中华民族大团结是重要命题，倡导构建各民族共有的精神家园，积极培养中华民族共同体意识。在实现中华民族伟大复兴的历史进程中，中华民族共同体意识的凝聚和发展是当务之急，也是时代的使命。

（三）中华民族共同体意识的价值性考量

“价值”这个普遍的概念是从人们对待满足他们需求的外界物的关系中产生的。从古代社会逐渐走来的中华民族的民族意识，在各个历史阶段上满足了中国社会和广大中华儿女的生存和发展的需要。在中国特色社会主义进入新时代的条件下，提出进一步培育中华民族共同体意识，也有其理论和现实的需要和作用。

1. 共同体的整合功能

在马克思主义的语境中，价值和功能表明的是一种关系属性，即客体对主体的满足情况，对于中华民族共同体意识而言，它的价值和功能首先表现在对中华民族共同体的整合之上。从传统中走向的中华民族共同体不论是在内容和形式上都有着高度的一致性，但与西方社会建立民族国家所经历的人口的均质化进展不同，中华民族内部存在着结构性，各民族也有着一定的族体特征，共同体面临着解构的风险。同时，从普遍意义上讲，共同体形成之后，其形式和结构也不是固定不变的，共同体内部总是存在着两股基本的力量：向心力和离心力。

对于中华民族共同体而言，结构化的差异、利益需求的差距与外部势力的干预等因素加剧了离心力。当离心力超过某一临界点时，共同体就面临着解构的危险。而中华民族共同体意识的培育则要在很大程度上发挥向心力的作用，通过塑造精神层面的共同体意识，对抗内外部环境中的离心力影响，在对各个结构性组成部分（各民族）保持着较高的规约和整合能力的同时，不断抑制“分”的倾向，强化“合”的诉求，使得中华民族共同体朝着进一步巩固、凝聚和稳定的方向发展。不论是作为“自在”，还是“自觉”的中华民族能够保持一种团结、稳定的状态，国家也就能处于安定、统一、繁荣的局面。从这一意义上，充分理解中华民族共同体意识是国家统一的基础。

2. 精神凝聚和目标激励功能

与中华民族的发展相适应，中华民族的民族意识也经历了一个从“自在”到“自觉”的发展过程，在这个过程中摆脱了民族意识在原生形态时的朦胧和潜在，呈现出目的性和导向性，并且在民族生活中起到主导和支配作用。中华民族共同体意识通过精神的塑造和共同目标的导向，超越不同民族之间在地域、文化、利益等方面的具体诉求，寻求各民族在精神层面的最大公约数，不断向精神共同体的道路上迈进。在现实性上，中华民族共同体意识有一个共同的神圣追求和发展目标，就是实现中华民族伟大复兴的中国梦。

中国通过培育中华民族共同体意识进行的精神凝聚和以中华民族伟大复兴的目标导向，根植于中华民族的历史记忆和道德传统，“有助于表述我们生活中的一致性，使我们有义务来促进我们的历史中所记忆和期望的理想，把我们的命运与我们的前辈、同时代人以及后代联结在一起”①。精神性的基因就如同发酵剂一样，催生着共同体成员的力量。也正是在这个意义上，实现中华民族伟大复兴，是中华民族近代以来最伟大的梦想。这个梦想，凝聚了几代中国人的夙愿，体现了中华民族和中国人民的整体利益，是每一个中华儿女的共同期盼。

---

① ［加］丹尼尔·贝尔．社群主义及其批判者［M］．李琨，译．北京：生活·读书·新知三联书店，2002：124。

3. 对行为的导向和规约功能

人们的行为往往会受到共同体内的价值、观念、利益的驱动和规制。对于中华民族共同体意识而言，它为共同体内的成员提供了必要心理预设，并在不断地确认中内化为价值评判的标准，进而影响自己行为的过程。可以从两方面来看，一方面是中华民族共同体意识的正向的引导功能，“一个群体的成员认为他们是类似的人，享有共同的特征，而这种群体认同激发了与这个群体的规范相一致的行为”①，这一过程与精神凝聚和目标激励具有一致性。另一方面是对负面行为的规制作用，通过社会整体的中华民族共同体意识的培养和渲染，对破坏国家统一行为施加舆论压力，提高其试图背弃中华民族共同体的道德成本，有效遏制负面行为的扩大化。

4. 对个体的定位与发展功能

个体自我意识和认同的形成，既是个体生理发展的结果，也在很大程度上是个体与共同体互动的产物。在全球化的时代境遇中，中华民族共同体意识为每一个中华儿女提供了“精神方向感”，并以此获得自我的完整性以及理解世界框架中自身所处的位置，随着中华民族日益走近世界舞台的中央，个体的认同感和归属感也在逐步提升。共同体意识中具有价值性的理念塑造和完善着个体的意识和观念，已经熔铸于每一个中华儿女的血脉之中，并不断地塑造着个体品格，促进个体的发展。共同体及其凝结的意识总是以一种“布景”形式构成了个体发展的必要条件。进一步理解马克思所提出的，“只有在共同体中，个人才能获得全面发展其才能的手段，也就是说，只有在共同体中才可能有个人自由”②。尽管中华民族共同体尚没有达到马克思主义语境中的“真正的共同体”的概念和特征，但仍然为个体的发展提供了时代条件和现实环境。

---

① ［美］马莎·L. 科塔姆. 政治心理学［M］. 胡勇，陈刚，译. 北京：中国人民大学出版社，2013：348.

② 中共中央马克思恩格斯列宁斯大林著作编译局. 马克思恩格斯选集（第1卷）［M］，北京：人民出版社，2012：199.

三、中华民族共同体意识的特征

（一）延续性

中华民族的历史延续性体现在其数千年的发展演变中。历史不仅是过去的记录，也是未来发展的参照。历史具有延续性和前进性，是文明发展的不变规律。中华民族共同体意识作为历史的产物，具有鲜明的延续性特征。民族共同体意识是民族历史和文化精神在成员心理层面的反映，彰显了民族独特的精神气质和内在禀赋。中华民族共同体意识的发展贯穿于民族的历史与未来，伴随着国家的演进。中华民族历史上的分合与统一并未改变民族国家的发展大势，无论朝代更迭还是外敌入侵，中华民族始终保持稳定的民族格局，维系一个坚固的民族整体。尽管历史上曾出现过少数民族入主中原建立政权的现象，但这并未改变中华民族的一体性，而是对多元一体格局的局部调整。

中华民族的历史延续与时代发展支撑了中华文明的博大精深，使其得以穿越烽火硝烟、实现浴火重生。从全球对比的视野来看，中华民族的延续性在世界上独具特色，其独特文化体系是数千年历史发展的积累，是多元一体的民族格局和中华文化的延续所形成的。因此，中华民族的历史延续与共同体意识的成功延续是其屹立于世界民族之林的核心因素。

（二）稳定性

中华民族共同体意识的稳定性根植于中华民族的内在优势，这是与世界其他民族区别开来的重要标志。中华文明是世界上唯一一个历经千年而未中断的文明，而其稳定性主要源于三个方面：地理结构的稳定性、政治体制的稳定性以及文明形态的稳定性。

首先，中华民族拥有独特的地理优势，自然地理结构决定了中国社会结构的超稳定性，导致中华民族先民在心理素质和特征方面共性因素的增加，加强了民族共同体意识的稳定性。

其次，政治体制的稳定性是国家统一和安定的基础，中央集权政治体制的建立与加强促进了历史各民族向中心的聚合发展，推动了多元一体民族格局的形成，从而稳定了中华民族共同体意识的发展。

最后，中华文明的稳定性体现在其历史发展过程中常有强壮的异族血液融入，使中华民族永远处于范围扩大之中，长生不老。这种稳定性超越了地域边界，使得中华民族在世界各地华人心中有了归家的感觉，形成了稳定的文明形态。

综上所述，稳定性是中华民族共同体意识的重要特征之一，也是其独有的伟大统一力，促进了中华民族作为规模超大、结构繁杂的民族共同体在超长历史纵深中形成稳定的文明形态。

（三）一致性

在中华民族的历史长河中，五十六个民族的和谐共处构成了一个独特的国家形态。每一个民族，虽然具有各自独特的语言、文化和习俗，但共同维护着一个统一的国家理念和文化认同。这种一致性不仅表现在共同的发展目标上，也体现在每个民族对于国家整体利益的自觉维护和推进上。

在现代化的进程中，尤其是在全球化日益加深的今天，中华民族的一致性表现得更为明显。经济全球化带来的挑战和机遇使得中华各民族的相互依赖性加深，共同面对外部压力和竞争。这种时代背景下，一致性的内涵也在逐渐扩展，不仅仅是文化和历史的一致，更包括经济利益和发展策略的一致。

为了进一步加强这种一致性，中央和地方政府实施了多种政策，旨在促进地区平衡发展，缩小经济差距，确保每一个民族都能在国家发展的大潮中找到自己的定位并贡献力量。例如，西部大开发、东北振兴等战略的实施，都是为了使边远地区和少数民族地区能够共享国家发展的成果，实现社会的整体稳定和长远繁荣。

教育方面，国家加大了对少数民族教育的支持，通过设立民族学校、奖学金和特别教育项目，确保每一个民族的子女都有接受良好教育的机会，从而提升整个民族的文化素质和技能水平。此外，通过各种文化交流活动和节日庆典，增强不同民族间的理解和尊重，也是推动民族一致性的重要途径。

在文化层面，保护和传承少数民族的文化遗产，同时在全社会范围内推广中华优秀传统文化，也成为强化国家一致性的重要措施。这不仅有助于提升民族自豪感和归属感，也使得中华民族在世界文化多样性中展示出独特的魅力和价值。

总之，中华民族的一致性是其历史持续和发展的关键，是维系国家统一和社会稳定的基石。在未来的发展中，继续强化这种一致性，使其适应新时代的要求，对于实现民族复兴和构建人类命运共同体具有不可估量的重要意义。

（四）超越性

中华民族的超越性不仅体现在对多民族血缘和历史的超越上，还表现为对传统观念和现代观念的融合与创新。在现代社会，这种超越性更是成为推动国家发展和民族进步的关键力量。中国社会的每一个发展阶段都可以看到超越性的体现，它促使中华民族不断从自身独有的文化和历史传承中汲取力量，同时积极吸收和借鉴国际先进的文化和技术，形成了独特的发展模式。

在政治领域，超越性体现为超越单一民族国家的政治体制，构建一个包容各族人民的政治共同体。这种政治超越性不仅保障了国家的统一和稳定，也为不同民族提供了平等参与国家治理的机会，确保了政策制定更加公正合理，体现了民族平等与团结的理念。

经济领域中，超越性则表现在对传统经济模式的突破。随着改革开放的深入推进，中国经济实现了从计划经济到市场经济的转型，不仅极大地激发了市场活力和社会创造力，也使得中国能够在全球化浪潮中占据重要地位，成为世界经济增长的重要引擎。此外，超越地域和民族界限的经济合作，如“一带一路”倡议，也是中国经济超越性的体现，它促进了全球经济的互联互通和共同繁荣。

文化领域的超越性则体现在对传统文化的现代诠释和全球传播。中国不断推动文化软实力的建设，通过电影、文学、艺术等形式向世界展示中华文化的独特魅力和现代价值。这不仅增强了民族文化自信，也促进了文化的国际交流与对话，加深了世界对中国文化的理解和认可。

此外，环境保护和可持续发展领域的超越性也日益凸显。面对环境污染和资源约束的双重挑战，中国超越了传统的发展模式，积极推动绿色低碳技术的研发和应用，努力实现经济发展和生态环境保护的双赢。这种对传统发展模式的超越，不仅是对国内外政策和民众期待的响应，也是对未来世代负责的表现。

总之，超越性是中华民族历史发展的重要特征，是其在面对内外挑战时不断自我革新、自我超越的动力源泉。未来，中华民族将继续借助这种超越性，不断推进社会的全面进步和国家的现代化建设，为实现中华民族的伟大复兴贡献不懈努力。

四、中华民族共同体意识的功能

（一）行为规约功能

行为规约功能是中华民族共同体意识内蕴的重要功能之一。它体现在高层次民族整体意识对成员个体的正确价值引领上。这种规约功能实质上是一种无形的意识约束力，能够对共同体成员的行为进行引导和规范。在精神层面，这种约束力源自民族共同体框架内的强烈意识认同，以及共同的价值观念。这种价值自觉和意识感知促使成员在行为实践中自觉维护民族整体利益，不受个人私利或外部势力的影响。

行为规约功能的实现需要共同体内部和谐的氛围，这包括情感表达环境的有效打造、民族精神财富的积累，以及民族意识的凝聚。通过塑造积极的情感环境和增强民族认同感，可以促进成员产生愉悦的意识情境体验，从而实现对行为的规约功能。这种功能的发挥是一个循序渐进的过程，需要民族共同体意识的不断深化和成员对共同体的认同逐步加深。

此外，行为规约功能的发挥也反映了民族认同的不断加深过程。民族共同体意识的形成发展是一个漫长的过程，因此行为规约功能的实现也需要持久的实践过程。而成员个体对共同体的客观认知、情感认同、行为认同，则是实现行为规约功能的关键因素。这一过程中，民族成员对民族的内在构成、历史文化、价值体系的认同与实践养成是至关重要的。在这种情感认知的基础上，各族成员能够自觉维护民族整体利益，形成对民族团结和国家统一的坚定态度。

因此，行为规约功能的充分发挥是中华民族共同体意识深化和民族认同加强的体现。它不仅体现了民族成员在行为实践中的自觉约束，也反映了民族整体意识对成员个体的正确引导和规范。在民族共同体意识的框架内，各民族成员都能自觉维护民族整体利益，共同奔向实现民族伟大复兴的目标。

（二）共同体整合功能

共同体整合功能指的是民族整体意识对民族关系和个体行为的引导与凝聚，旨在维护民族团结和整体利益。这种功能的发挥能够将五十六个民族团结凝聚起来，化解不同民族之间的矛盾，达成最大公约数，形成民族团结的最大同心圆，使各民族共同构成一个命运共同体、利益共同体、情感共同体和价值共同体。

共同体整合功能是中华民族共同体的内在性质所决定的，它反映了民族整体意识对民族内部关系的方向感召和力量凝聚。这种功能的发挥需要从自然形成到自觉凝聚的历史进程，经历了自在、自觉到自为、自强、自信的漫长历程。在这个过程中，民族共同体意识的形成与发展是一个逐步深化的过程，从而形成了对共同体的自觉认同与情感归属。

中华民族共同体意识的整合功能在历史发展中扮演着重要角色。它是维护国家统一、促进社会稳定的基石，是实现民族团结与政治认同的纽带，也是凝聚民族力量与实现民族复兴的重要源泉。在这一过程中，各民族成员的共同体意识不断增强，形成了维护民族团结和整体利益的坚定态度。

共同体整合功能的发挥有助于构建团结凝聚、和谐有序的共同体，为民族共同发展和繁荣奠定了基础。中华民族通过共同体意识的凝聚，实现了各民族成员的安全感、幸福感和归属感，有效推动了民族复兴的进程。在当前面临的各种挑战和风险中，民族共同体意识的发挥更显重要，为中华民族提供了稳定的政治环境和共同的目标引领。

因此，共同体整合功能的充分发挥是中华民族共同体意识深化和民族认同加强的关键。它不仅促进了各民族之间的团结合作，也为中华民族的发展壮大提供了坚实的基础。

（三）精神凝聚功能

精神凝聚功能类似于物理上气体由稀变浓的自然过程，它指的是将各民族成员吸引凝聚到共同体框架之中，在心理意识层面形成一个稳固的精神共同体。这种凝聚力的形成依赖于各族成员对民族共同价值理念的认同、对共同利益的维护以及对民族共有精神家园的守护。

中华民族的精神凝聚力依赖于共同体意识的维护与铸牢，通过形成共同的民族价值观念、共同的理想目标等，将众多民族成员汇聚在一起，共同实现民族的繁荣发展。这种精神凝聚功能的发挥有助于营造民族认同的和谐氛围，实现共同奋斗、共同繁荣的理想状态，推动各民族向着一致的方向前进。

历史上，中华民族共同体意识的觉醒和发展在面对外敌侵略时扮演着重要角色。在抗击日本侵略时期，民族共同体意识催生了全民皆兵、团结一心、一致抗敌的爱国主义力量，最终实现了抗日战争的胜利，标志着中华民族迎来了伟大复兴的转折点。

精神凝聚功能是中华民族生存与发展的关键，它支撑着一个民族的起落兴衰。在面对各种艰难挑战时，中华民族通过共同体意识的凝聚，不断彰显着其伟大的精神力量，推动着民族团结的进程，实现了一次又一次的历史壮举。这种凝聚力不仅是战胜困难的法宝，也是推动民族更好走向未来的精神基石。只有各民族团结一心、共同奋斗，中华民族的未来才会更加光明，中华儿女的明天才会更加美好。

（四）目标引领功能

中华民族共同体意识的目标引领功能是指在共同的理想和一致的目标的引领下，各族人民积极向往未来、美好期待明天的精神状态。它实质上是通过实现不同民族的自觉认同共同的未来奋斗目标，在国家建设过程中形成一致的前进方向。当前，中华民族伟大复兴成为凝聚各族人民的最大力量，满足了各族人民的价值诉求。一个民族必须有自己的伟大梦想，而实现这一梦想离不开民族整体意识的凝聚与升华，以及对民族共同目标的引领与激励。

共同的奋斗目标和坚定的理想信念是中华民族赢得胜利的重要优势。中华民族共同体不仅指一个人口数量庞大的群体，更是各民族成员将共同体目标当作自身目标的整体。近代以来，在中国共产党的领导下，中华民族在各族人民共同努力下，实现了民族复兴的正确历史轨道。实现民族复兴已成为全国各族儿女的共同目标，这需要中华民族共同体意识的凝聚和支持。

综上所述，中华民族共同体意识是多维的，包括其理论渊源、基本特征以及核心功能。只有深入理解和把握中华民族共同体意识，才能更好地贯彻落实党的民族方针政策，充分发挥其凝心聚力的重要价值，激发中华民族所蕴含的强大民族势能，实现民族复兴的伟大目标。

第二节 中华民族共同体意识的内容分析

一、对伟大祖国的认同

（一）确保国家政治共同体的合法性

国家认同是国家政治共同体合法性的关键问题。在近代欧洲民族国家兴起的背景下，国家认同成为民族国家的先决条件。对于单一民族国家而言，国家认同是一致的，符合民族自决的合理体现；然而，对于多民族国家，情况复杂。在这样的国家里，国家认同是由多个民族群体相互承认形成的政治共同体，是公民或群体对国家的情感和身份归属的认同和行为。当各民族群体都认同政治共同体时，国家就具有了合法性；但若出现民族群体不认同的情况，就有分裂的风险，甚至可能导致国家解体。因此，加强国家认同是确保多民族国家政治合法性的重要途径。

（二）从爱国主义到宪法体系的关键性要素

全球化浪潮的涌动给中国的国家认同带来了现实影响。尽管全球化趋势表明世界走向一体化和大一统，但民族国家和民族主义并未减弱，反而呈现出强化的趋势。全球化既削弱了国家力量，也促进了事物的本土化，导致地方自治和新型地方主义的兴起，地方身份认同日益受到重视。在这种背景下，中国需要更加积极地维护国家利益和民族利益。中国的民族国家拥有独特的历史延续，其中蕴含着浓厚的爱国主义情感。中国的爱国主义情感源自其特殊的生态环境、生存需求和乡土情感，对祖国和人民的感情是深厚的。因此，在塑造国家认同和中华民族共同体意识时，必须充分发挥爱国主义和爱国精神的重要作用。

中国的国家认同包括领土认同、身份认同和以宪法为核心的体系认同等关键要素。领土认同强调中国领土的完整和不可分割性。身份认同则强调公民身份，促进“共同的公民资格”，培养具有正义感、能够促进国家认同和国家团结的公民。以宪法为核心的体系认同则是国家认同的基石，宪法规定了国家的制度和法律体系，为不同族群提供了共同标准，为政治共同体提供了制度基础。这些要素相互交织，共同构成了中国国家认同的重要组成部分，也是维护国家稳定和团结的关键。

二、对中华民族的认同

社会成员对自己民族归属和民族利益的自我感知视为民族存在的自我反映。这种自我感知包括两个要素：一是对本民族归属的自觉，即民族认同；二是在认同的基础上对本民族整体利益的感知。“民族认同呈现出一定的层次性特征，而中华民族认同处于多民族认同的高层位置，成为中华民族共同体意识的核心要素。”① 同时，民族认同具有多重性特质，不同层次的认同可以在大多数情况下并行不悖。最后，中华民族在实现国家认同与民族认同一致性后，面临着严峻的形势和重要的使命，需要进一步加强认同建构的工作。

（一）民族认同的层次性与中华民族认同的定位

人的社会性交往不断扩大，主体认同对象的差异性决定了认同具有明显的层次性，而在民族认同中，通常包括了不同的层次：首先，族群认同，即个体在社会化过程中首先面临的是个体的族群归属问题；其次，族体认同，即民族认同，是在族群认同基础上形成的对具体民族共同体的认同；最后，族际认同，在全球化和社会化大生产的背景下，族际互动越来越频繁。最后是更高层次的民族认同，即中华民族的认同。中华民族认同处于认同层次的高层位置，这是历史和现实共同决定的结果。从历史源头来看，中华民族是各民族相互交融的产物。近代以来，对中华民族国族建构进行了多方面的尝试，中华人民共和国的成立标志着中华民族国族地位的真正确立，国家建构起了民族国家，而民族国家也承载着中华民族的认同。因此，国家认同和民族认同相辅相成，互为条件，二者的一致性

---

① 夏征农，陈至立. 大辞海（民族卷）[M]. 上海：上海辞书出版社，2012：4.

为国家的发展和民族的凝聚提供了前提和基础。

（二）民族认同的多元性与跨境认同意识

人作为社会关系的一部分，其身份属性并非静止不变，而是根据经历、需求和效用情况选择不同的身份和认同形式，呈现出多元的认同特征。个体可以认同本民族，也可以认同其他民族，甚至可以认同中华民族这一更高层次的身份。在不同情境下，个体对民族身份的选择和认同取决于多种因素。因此，有必要培养跨边界认同意识，作为促进族际认同的重要手段。在促进各民族之间的实际交往中，应努力减少历史和现实发展所造成的差距，防范境内外敌对势力刻意渲染某一民族的意识形态和民族交往的边界，将各民族统一于中华民族的更高层认同之中。这种跨边界认同意识的培养有助于增进民族之间的理解与沟通，促进社会的和谐稳定。

（三）中华民族的国族认同及其构建挑战

在许多国家，通常的做法是将国内已存在的多个民族群体整合为一个统一的国族，作为民族国家建立的基础。对于中华民族而言，从某种意义上说，它也是一个跨民族共同体，只是它并非完全是被“创造”出来的，而是一直存在，并且经历了从“自觉”到“自为”的演变过程。然而，中华民族的国族认同还需要进一步的建构，这是一个具有挑战性的任务，需要克服许多障碍和问题。

三、对中华文化的认同

文化认同是人的社会属性的重要表现形式，既是族群分野的重要标志，也在民族国家中发挥着重要作用。文化以其特有的本质性与规范性决定了文化认同所具有的深层作用，加强中华民族大团结、培育中华民族共同体意识根本的长远目标是增强文化认同。对于中华民族而言，文化的认同的重要性不言而喻，特别是近代以来中华文化面临着重大危机，并在实现中华民族伟大复兴中国梦道路中肩负的文化自信重铸的重要使命，需要首先从认识论的角度上明确中华文化认同所包含的三个层面，注重挖掘和开展以爱国主义为代表的中华共性文化认同和弘扬。

（一）文化认同的深层作用与民族意蕴

文化是人类社会发展中特有且广泛的现象，塑造着人类社会的方方面面。文化认同代表着个体或群体对共同文化的确认，涵盖了文化符号、价值理念、思维模式和行为规范等现实依据。在众多认同中，文化认同处于核心和深层地位，因为它不可避免地带有文化要素，并依靠文化属性进行界定和区分。文化认同被视为最深层次的认同，而在文化认同的民族意蕴中，文化定义了和诠释了民族共同体，将其视为文化基因的认同方式是普遍的。民族文化逐渐赋予了民族性特征，形成了各具特色的民族文化，个体置身于民族文化环境中，逐渐形成了关于文化认同的民族表达。这种民族文化认同的生成过程被看作是个体与共同体之间关系的表达和身份关联的标识。对于中华民族而言，中华文化的本质和规定性作用更为突出，代表了一个文化族群，而不仅仅是以血缘为纽带的民族。中华文化在塑造中华民族传承的历史伟力方面发挥了重要作用，成为全体中国人和海外华人的精神家园、情感纽带和身份认同。

（二）中华文化认同的现实危机与重铸

在现代社会中，每个民族都认为自己是宇宙的中心，是被选中的特殊存在。中华文化作为中国历史悠久、影响深远的文化体系，在历朝历代一直保持着较高的认同。然而，随着与异质文化的接触和现代化进程的推进，中华文化认同面临着现实危机。

改革开放以来，中国社会逐渐走向多元化和开放化，伴随着国家综合国力的提升和文化自信的增强，中华文化也逐渐从自觉走向自信。然而，面对全球化的冲击和多元文化的挑战，中华文化认同仍然面临着困境。如果一个国家或民族丢掉了自己的文化，就会失去灵魂。因此，重铸中华文化认同是当代中国所面临的重要任务。这不仅意味着要坚守中华文化的立场，更需要实现对中华文化的创造性转化和创新性发展，以适应当代社会的需要，并为中华民族的未来制造新的活力和动力。

（三）正确理解中华文化认同的三个层面

正确理解和认识各民族文化的差异性与中华文化的统一性是至关重要的。中华文化认同应该从三个层面来加以认识。

首先，各民族自身的文化认同是中华文化认同的基础。每个民族都有其独特的文化属性和特征，包括语言、风俗习惯等。对于本民族文化的认同是保持民族存在和发展的关键标识。因此，应该承认各民族间的文化差异和多元性，尊重并维护各民族对自己文化的认同。

其次，各民族之间的文化认同是中华文化认同的过程。中华文化的形成是各民族文化交流融合的结果，而实现各民族之间文化认同的关键是承认彼此之间的文化差异。通过族际交流等方式，促进各民族之间的文化认同，实现“美人之美”，进一步巩固中华文化的统一性。

第三，中华共性文化的认同是中华文化认同的核心。中华文化不仅是各民族文化的统称，也是共性文化的集大成，覆盖中国各民族的共性文化。这种共性文化在历史进程中发挥着重要作用，如爱国主义精神就是维系各民族统一的纽带。在强调中华民族认同的同时，要防止将汉文化直接等同于中华文化，应该将少数民族文化纳入中华文化的集合体，并避免制造文化的隔阂和分离。只有在共同追求和发展共性文化的过程中，中华民族才能实现团结和发展。

四、对中国共产党的认同

从近代以来中华民族的实践发展来看，中国共产党承担起了中华民族追求独立统一、复兴发展的重要使命，并发挥着领导核心的作用。党政军民学，东西南北中，党是领导一切的。中国共产党作为一种政治心理的政党认同具有广泛的历史根基和群众基础，对中国共产党的认同是中华民族共同体建设和中华民族共同体意识培育的领导核心和重要保障。

（一）中国共产党是中华民族独立统一、复兴发展的领导核心

中国共产党一经创立，就自觉肩负起领导中华民族振兴的历史使命。党的早期领导人将马克思主义的普遍原理与中国革命的实际相结合，深刻揭示了中国革命的对象、任务、动力、性质、前途等问题。在中国共产党的领导下，全国各族人民取得了新民主主义革命的胜利，创立了中华人民共和国，标志着“占人类总

数四分之一的中国人从此站立起来了"[①]。中国共产党引导各民族人民走上社会主义道路，逐步建立了各民族平等、团结、互助的民族关系。

（二）中国共产党是中华民族走向繁荣富强的领导核心

中国共产党不仅是中华民族革命和独立事业的领导核心，还是中华民族走向繁荣富强的领导核心。特别是党的十一届三中全会的召开，标志着我国进入了改革开放的新阶段。中国共产党建设有中国特色的社会主义，带领中华民族坚实地踏上了民族复兴的新征程。中国共产党始终不忘初心，以中华民族伟大复兴作为目标。在新世纪的发展中，中华民族以前所未有的面貌大踏步地向前进，取得了举世瞩目的成就，中国特色社会主义逐渐迈向了新时代。

（三）中国共产党将政党、民族国家和人民群众的利益结合

政党认同与中国共产党认同的实质在于，中国共产党从一开始就将政党的利益、民族国家和人民群众的利益结合起来。中国共产党是工人阶级的先锋队，同时也是中国人民和中华民族的先锋队，是中国特色社会主义事业的领导核心，代表中国先进生产力的发展要求，代表先进文化的前进方向，代表最广大人民的根本利益。政党认同的社会基础和群众基础在于将对中国共产党的认同与国家认同、民族认同、文化认同有机结合起来，从而最大限度地凝聚起认同的共识。

认同中的三个重要变量包括绩效认同、意识形态认同和组织认同。绩效认同与认同的利益实质性息息相关，要提高执政的绩效，就要将人们对美好生活的向往作为奋斗目标。意识形态认同表征了一个政党的宗旨、性质、方针和目标等，中国共产党具有先进性、科学性，要进一步坚持马克思主义意识形态的指导地位。组织认同则需要通过不断推进政党的制度化、科学化建设，增强组织认同，进而强化政党认同。

五、对中国特色社会主义的认同

对中国特色社会主义的认同是一种根植于中国大地的理论和实践的统一体，

---

① 中共中央文献研究室．毛泽东文集（第5卷）[M]．北京：人民出版社，1996：343.

是科学社会主义理论逻辑和中国社会发展历史逻辑的辩证统一。这种认同认为中国特色社会主义反映了中国人民的意愿，适应了中国国情和时代发展的进步要求。中国特色社会主义被视为全面建成小康社会、加快推进社会主义现代化、实现中华民族伟大复兴的必由之路。近代中国社会的历史和实践证明了社会才能救中国，而中国特色社会主义才能够实现中国的发展。对中国特色社会主义的认同不仅体现在对其道路、理论体系和制度的认可上，还表现为情感上的归属和行为上的指引。此外，认同中国特色社会主义也为中华民族共同体的建设和意识的发展提供了根本动力、行动指南和根本保障，使中华民族能够屹立于世界民族之林。

（一）认同中国特色社会主义道路的意义深远而根本

在中国共产党的领导下，中国特色社会主义道路是经过历史考验、符合中国国情的道路。这一认同不仅是道路问题，更是关乎国家发展和民族复兴的根本性问题。中国共产党在不同发展阶段都立足中国的实际情况，探索并形成了符合国情的道路，包括新民主主义革命道路、社会主义改造和建设道路，以及中国特色社会主义道路。改革开放是成功选择中国特色社会主义道路的逻辑起点，为其成功开拓提供了强大动力支撑。这条道路的确立不仅是基于现实的考量，也根植于中国历史和文化的深厚基础之上。中国特色社会主义道路的认同基于中华民族的历史和现实国情，这既是道路的本质要求，也是实现认同的重要基础。

（二）对中国特色社会主义理论体系的认同是行动指南

对中国特色社会主义理论体系的认同在中华民族共同体发展和意识培育中具有重要作用，成为行动的指南。这一理论体系的形成是在中国特色社会主义道路的实践中逐步形成的。中国特色社会主义理论体系的认同作为行动指南，基于以下两个维度的认知：

首先，将中华民族的发展进程划分为两个阶段：第一个阶段是中华民族站起来；第二个阶段是中华民族富起来、强起来的阶段，中国特色社会主义理论体系在其中承担着实现中华民族伟大复兴的指导作用。

其次，在理论的相互关系上，中国特色社会主义理论体系既是对马克思列宁主义的坚持和发展，也是对新时代中国特色社会主义思想的理解和运用。新时代中国特色社会主义思想作为中华民族共同体建设和意识培育的根本指导思想和行动指南，将在推动中华民族伟大复兴的征程中发挥重要作用。

（三）认同中国特色社会主义是中华民族共同体发展的保障

制度作为社会发展的产物，在复杂的社会中起着关键作用。为了有效运转中华民族这一复杂共同体，政治机构和制度化过程必不可少。中国共产党在领导长期的革命、建设、改革过程中，建立了社会主义的基本制度，建立了民族平等团结的基本关系，逐步消除了民族间的制度性不平等。同时，根据中国社会主义建设和改革的需要，建立了一套具有强大生命力的中国特色社会主义制度。这些制度奠定和保障了中华民族政治共同体所需的行为规范。在中国特色社会主义制度整体框架内，民族区域自治制度具有特殊的意义。这一制度满足了少数民族群体对自身特殊关系的情感和利益诉求，同时强调了对国家的忠诚和义务。

因此，对中国特色社会主义制度的认同不仅是对制度的高度认可和主动接受，更是将其内化为中华民族共同体成员的价值尺度和行为准则，为中华民族共同体的稳定和繁荣提供了根本保障。

第三节　中华民族共同体意识的重要价值

一、中华民族共同体意识的理论价值

（一）马克思主义民族理论的最新成果

马克思主义民族理论是通过辩证唯物主义和历史唯物主义来审视民族发展的脉络，是一种解决问题的科学理论。中国共产党意识到中华民族的独特性，并创造性地将马克思主义民族理论与中国实际情况结合起来，形成了中国化的马克思主义民族理论。其中，中华民族共同体意识作为中国化马克思主义民族理论的最新内容，不仅为新时代的民族工作提供正确的指导，也为马克思主义民族理论的

发展做出了重要贡献。

1. **丰富了马克思主义民族平等思想的理论内涵**

马克思主义民族平等思想是民族理论的核心，强调各民族应平等相待，团结起来共同斗争。中国共产党将这一理念延展为铸牢中华民族共同体意识，始终坚持各民族平等原则，推动各民族共同发展和共同富裕。这一原则的践行体现了民族平等理念的价值，为发展马克思主义民族平等思想作出了中国贡献。

2. **扩展了马克思主义民族团结思想的理论外延**

马克思主义民族团结思想是重要内容，强调各民族的团结合作。中国共产党在马克思主义民族团结思想的基础上，针对中国独特的民族情况，提出了铸牢中华民族共同体意识的重要命题。在实践中要不断丰富这一思想，要提出一系列关于民族团结的重要论述，推动中华民族的一体建设，从而扩展马克思主义民族团结思想的理论内涵。

（二）习近平新时代中国特色社会主义思想的重要内容

铸牢中华民族共同体意识是新时代民族工作的理论表达，也是新时代中国特色社会主义思想在民族领域的具体体现，开创了中国民族理论的新境界，具有丰富的内涵和重大的价值。

1. **铸牢中华民族共同体意识是新时代民族工作思想创新的生动体现**

中国共产党一直高度重视民族工作，注重增强民族凝聚力。“自党的十八大以来，我们要立足于民族复兴全局，强调铸牢中华民族共同体意识的极端重要性。树立‘四个与共’的共同体理念，打造‘石榴籽’般的民族共同体，构筑‘中华民族共有精神家园’，呼吁增强‘五大认同’，概括出做好民族工作的‘十二个坚持’，构成了新时代铸牢中华民族共同体意识的核心内容。这些思想体系的形成凝聚了党的正确领导和各族人民的共同努力，推动了民族团结的再次创新和发展，使各民族共同繁荣成为现实。”①

---

① 蒋永发. 论中华民族共同体意识［D］. 北京：中共中央党校，2022：98.

2. 铸牢中华民族共同体意识为新时代民族工作提供了科学理论指导和重要实践依据

民族共同体意识对于国家的命运至关重要。因此，铸牢中华民族共同体意识的培育是新时代民族工作的主线与纲要。这一意识的形成需要积极引导和有效培育。要高度关注各民族的生活状况，不断回应中华民族共同体建设的各种挑战和困难。他的频繁实地考察和关怀行动，彰显了他坚定的价值立场和崇高的价值取向。铸牢中华民族共同体意识的建设不仅仅是一个口号，而是一个实实在在的奋斗过程，是各民族共同团结奋斗、共同繁荣发展的生动展示。这也是以人民为中心的发展理念在民族领域的生动体现，是新时代中国特色社会主义思想的内在要求。

综上所述，铸牢中华民族共同体意识作为新时代中国特色社会主义思想的重要内容，展现了其坚定的价值立场、崇高的价值取向和共同的价值追求。只有坚定对中华民族的自信，加强中华民族共同体意识的凝聚铸牢，各族人民才能团结一心、共同奋斗，为中华民族的繁荣发展贡献力量。

二、中华民族共同体意识的历史价值

（一）推动中华民族由多元走向一体的内生动力

容纳多元，融合一体是中华民族的重要特征。在古代中国，中华民族尚未觉醒民族意识，但在各自的活动范围内，先民们形成了独特的文化谱系。随着时间的推移，各民族在相互影响中形成了初步的区域文化共同体。夏商周时期，华夏文明在黄河、长江流域崛起，周边的其他民族也在各自的领域内发展壮大。尽管存在着民族差异，但以“华夏”为核心的天下格局逐渐形成。秦朝的“大一统”政治模式推动了民族的统一和共同发展。数千年来，封建社会时期的分裂与统一，近代以来的外来冲击，都显示出中华民族共同体意识在推动民族发展中的重要作用。

中华文明的内在特质，如厚德载物、自强不息、兼容并包等，促进了多元文化向一体融合的进程。特别是兼容并包，是中华文明的天然优势之一，也是中华民族发展的动力。古代中国形成的“配天”概念，包括连续性、兼容性等特征，推动了中华民族形成共同体意识。这种共同体意识的形成是历史长河中的深刻积淀，超越了特定时空和个人体验，是中华民族历史文化基因的体现。统一和分裂都是中华民族发展的必经历程，是一个由低级到高级、由分散到统一的螺旋上升过程。在这一历史进程中，中华民族共同体意识逐渐形成，为民族发展提供了重要的推动力。

中华民族共同体意识的形成不是受任何主观力量所决定的，而是历史发展的自然结果。它既是对历史的传承，又是对历史的发展，具有独特的文明意义。尽管在历史上人们并未意识到这一点，但这种潜在的民族共同体意识对多元一体格局的形成起到了重要作用。作为一条渐进感知和不断汇聚的文明大河，中华民族共同体意识在推动民族发展中扮演着特殊角色，发挥着重要作用。这种民族整体意识的历史性积淀，是推动中华民族由多元到一体的重要动力。

（二）增强族际互动与提升国家认同的重要推力

在漫长的历史长河中，中国多次经历了不同层次的融合与统一，逐渐形成了“多元一体”的民族格局。这一历史过程伴随着各民族之间的交流、融合与发展，中华民族作为一个统一的政治实体逐步确立并不断发展。这种形成过程也是中华民族共同体意识不断强化的过程，同时也推动了各族人民对民族和国家的认同。各民族之间的交流互动、合作发展以及汇聚统一，都是民族经济社会发展的产物，是客观过程，不受任何人的意志所左右。

中华民族的存在建立在各民族的发展之上。民族认同作为对本民族的忠诚表现，在某种程度上是国家完整与独立的重要体现。这种情感最初源自对共同历史、风俗习惯、生活方式、价值观的认同，是对美好未来的共同责任与共享荣光的体现。例如，北宋与北方民族之间在经济发展上存在着明显的互补性，尽管存在历史上的对峙，但经济贸易的往来并未中断。各民族政权在政治、经济、文化上的交流，促进了经济市场的统一，文化的交融发展，以及政治上的共识形成，增进了对中华民族国家的认同。

中华民族的形成贯穿于古代民族的发展过程。历史上各民族在各方面的交流融合，推动了中华民族一体形态的形成。各民族在生存环境、生产方式、语言谱系和心理素质等方面的自我审视与选择，促进了对原有状态的超越。尽管存在着“华夷之辨”，但各民族在交流融合中逐渐形成了中华民族的辉煌历史，凝聚了政治共识，增进了民族之间的情感共鸣，形成了民族命运共同体。

随着历史的发展，各民族间的交流与对国家认同的增强，夯实了中华民族共同体意识的政治基础。尽管历史上存在统一分裂与分裂统一的过程，但统一始终是长期的。各民族之间的联系日益密切，多元的民族在历史长河中形成了强大的凝聚力，最终形成了中华民族“多元一体”的格局，留下了宝贵的精神财富。在这一演进过程中，各民族之间不仅加深了了解，增进了情谊，也大大提高了各民族成员对中华民族国家的认同。

（三）保障中华民族绵延数千年的团结力量

中华民族作为世界上伟大的民族之一，拥有着广袤的土地、众多的人口、深厚的文化和悠久的历史。中华民族能够在漫长的历史中屡经磨难而不倒，崛起于竞争激烈的世界舞台上，并且在不断地发展中持续壮大，其根本原因在于其拥有无比强大的民族凝聚力和高度的民族共同体意识。这种共同体意识是中华民族漫长历史发展的精华所在，是中华传统文化的珍贵结晶，在维系中华民族的发展壮大过程中起着不可替代的重要作用。

中华民族的形成和发展是一个漫长而复杂的历史进程。在古代，中国大地上存在着众多大小不一的部落和氏族。随着交往的加深和文明的传播，这些部落逐渐汇入了“华夏”，形成了以华夏为核心的民族共同体。经过数千年的发展，中华民族从分散的部落逐步融合为一个共同的命运体，共同追求着家国统一和民族团结。无论是统一还是分裂时期，各个政权都以中国正统自居，将统一天下视为神圣使命。这种文化传统贯穿了中华民族的历史发展，成为中华民族在多民族共存的国家中不断走向统一的重要动力。

近代以来，中华民族面临着前所未有的挑战和危机，但在外部压力和内部动荡的时刻，中华民族共同体意识得到了进一步的强化和凝聚。在抗日战争和解放战争中，中华民族团结一致，共同抗击外敌，最终赢得了胜利。这一时期，中华民族共同体意识深入人心，成为各族人民共同追求的目标和动力。1949 年，中华人民共和国的成立标志着中华民族获得了新的政治框架和坚实的政治基础。随着社会主义现代化建设的推进，中华民族共同体建设进入了新的阶段，各族人民团结奋斗，共同发展繁荣。党中央重视民族工作，制定了一系列惠民政策，促进了各民族共同发展和繁荣，进一步巩固了中华民族共同体意识。

总之，中华民族的团结力量是其绵延数千年的重要支撑。在历史的长河中，中华民族始终保持着团结和发展的良好势头，这得益于其强大的民族凝聚力和共同体意识。这种意识不仅是中华民族发展的动力源泉，也是其持续壮大的关键所在。

三、中华民族共同体意识的现实价值

（一）实现国家统一与促进社会稳定的重要基石

实现国家统一一直是各民族的共同愿望，也是中华民族发展的主线。几千年来，中国社会历经王朝更替、战争动荡、领土变迁，但大一统的理念始终保持着民族的整体稳定。在漫长的历史长河中，无论是统一还是分裂时期，各个民族都围绕着大一统的目标，渴望成为天下共主。这种思想既传承了下来，又不断发展，逐渐成为各民族的精神共识。在大一统的概念下，中华各民族不断融合发展，保持了民族的整体性，塑造了辽阔的国家版图，为中华民族共同体意识的形成奠定了坚实基础。

在全球化时代，各种思想观念、文化交流相互影响，也带来了国家政治安全的挑战，如何有效维护国家的政治安全，保持各民族的和谐关系，巩固民族团结，构建中华民族命运共同体，成为一个不可避免的重要课题。铸牢中华民族共同体意识成为应对各种民族挑战、构建民族精神共同体、实现国家统一与社会稳定的必要举措，需要高度重视并稳步推进。在全球化时代，如果一个国家的各民族成员缺乏高度的民族认同、共同的身份认同、一致的理想愿景和牢固的民族意识，那么国家的统一、民族的团结和社会的稳定就难以得到有效的保障。这是历史的经验，也是实践的结论。

实现国家的完整统一与促进社会的安定和谐是全国各族人民的共同心愿，也是中华民族共同体意识伟大价值的重要体现。党的十九届四中全会全面总结了国家制度和治理体系的显著优势，其中之一就是坚持各民族一律平等，铸牢中华民族共同体意识，实现共同团结奋斗、共同繁荣发展。“多元一体”是中华民族的特色之一，五十六个民族是共同体的一部分，每个民族都是中华民族大家庭的重要成员。“中华民族共同体意识作为源自内心深处的民族认同，是中华民族团结、发展、繁荣的重要法宝。”[①]

（二）民族团结与政治认同的关键纽带

中华民族共同体意识作为中华儿女对自我归属的情感寄托和价值认同，在凝聚力量、提升政治认同方面发挥着重要作用。数千年来，各族人民共同奋斗，建立了统一的多民族国家，塑造了“多元一体”的民族格局，构建了亲密交融的民族关系。近代以来，面对外来侵略，各族人民同仇敌忾，共同捍卫了民族独立和人民自由。

在当前“五个并存”的阶段，为了维护国家统一、民族团结、社会和谐稳定，我们必须认识到中华民族是一个有机统一体，必须像爱护眼睛和生命一样珍视民族团结。只有坚持将国家统一和民族团结作为最高利益，才能为国家和民族带来前途和希望。

中华民族的形成是各民族共同奋斗的客观结果。在全面建设社会主义现代化国家的新征程上，我们必须广泛凝聚共识，实现各民族内部和谐统一，加强各民族之间的团结一致，形成中华民族大团结。这样的团结将汇聚起实现民族复兴的磅礴力量，为中华民族的伟大复兴贡献力量。

（三）凝聚民族力量，实现民族伟大复兴的重要纽带

“共同体”作为一种独特存在方式，根植于成员之间的认同感，没有成员的共同体是不完整的。在当今民族国家体系中，如何构建稳固的民族共同体成为世界各国共同面临的挑战。中华民族拥有五千多年灿烂文明历史，在世界舞台上扮演着重要角色，近代以来曾面临严峻挑战，但如今正迎来实现民族复兴的宝贵机

---

① 本书编写组．中国共产党第十九届中央委员会第四次全体会议文件汇编［M］．北京：人民出版社，2019：5.

遇和神圣使命。

实现民族伟大复兴是全国各族人民的共同愿景。近代以来，中华民族经历外敌入侵、山河破碎、战乱频仍，但由于缺乏民族意识的觉醒，导致国家内忧外患，人心涣散。中国共产党的成立开启了崭新的历史篇章，团结各族人民共同创建中华人民共和国，使中华民族走上复兴之路。

中华民族拥有悠久的历史文化和广袤的国土，但民族伟大复兴并非轻而易举之事，需要凝聚全民族的共同意志。铸牢中华民族共同体意识作为民族复兴战略的重要组成部分，能够整合国家认同、增强情感共鸣、内化一体意识，使各民族成员共同建设美好家园，实现民族复兴的伟大梦想。历史也证明，中华民族共同体意识是维系中华民族团结统一的强大精神纽带，推动着中华民族不断发展进步。

中华民族共同体意识代表着民族伟大复兴的整体利益，体现了各民族繁荣发展的根本诉求。作为中华民族精神的最高凝聚力，它能够弥合不同民族之间的利益冲突和文化隔阂，使十四亿中华儿女团结一心，共同创造幸福美好的未来。

四、中华民族共同体意识的世界价值

所谓世界价值，即铸牢中华民族共同体意识这个中华民族正在进行的伟大历史性实践对世界未来发展以及人类文明走向做出了重要贡献。

（一）为世界多民族国家解决问题提供中国智慧

世界上许多国家都是多民族国家，无论其规模大小、发展水平如何，都面临一个共同的挑战：如何有效地整合各民族力量，建立巩固的民族共同体。在全球范围内，各国推进民族国家建设采取了多种模式，但很多都未能有效处理好多元文化与国家统一之间的关系。中国在中国共产党的正确领导下取得了历史性的巨变，展现了人类发展史上的伟大奇迹。中国的民族工作实践经验不断丰富，蕴含着普适性的原则，为世界其他国家提供了宝贵的经验参考和样本示范。

多民族国家需要一个坚强的领导核心来确保民族工作的有效开展。中国共产党在民族工作中担当着这一角色，其坚强领导为民族团结提供了政治保障。党的正确领导使得中华民族实现了自我角色的伟大转变，民族关系得到了巩固与发展。在国家建设中，核心政党的领导作用至关重要，可以统揽国家全局，推动社会化治理的进程。

民族工作必须立足于现实，走符合各民族实际情况的发展之路。中国的成功经验表明，民族工作的顺利开展与民族发展的伟大成就源于走了一条符合自身实际的特色发展之路。这需要深刻理解本国的历史、文化和现实基础，并根据具体国情制定相应的政策和措施。

多民族国家必须正确认识“多元”与“一体”，并处理好差异性与共同性的关系。中国作为一个统一的国家，始终能够处理好各民族之间的关系，实现了“多元一体”的内在统一。需要尊重和保护各民族的差异性和多样性，同时强调统一整体的目标和理念。这种“多元一体”的理念有助于促进民族团结进步，实现最大公约数的达成。

总的来说，通过建立坚强的领导核心、立足于现实的发展之路，并正确处理多元与一体的关系，多民族国家可以更好地实现民族的稳步发展和高度团结，从而为世界民族团结发展贡献力量。

（二）构建人类命运共同体

人类生活在一个共同体中，而世界则是由各个民族国家构成的共存空间。党中央提出了“铸牢中华民族共同体”和“构建人类命运共同体”的新方案，旨在共同推动中国发展和世界进步。这不仅展现了中国共产党为实现民族复兴和世界大同所承担的责任，也彰显了中华民族共同体与人类命运共同体之间密切的联系与内在的统一性。

中华民族共同体建立在共同的价值追求、历史渊源、身份认同、物质基础和精神家园之上，致力于促进民族发展、团结、化解矛盾和协调族际关系，是中国实现民族伟大复兴的首要任务。而人类命运共同体则是中国为建设美好世界而提出的战略构想，着眼于全球范围内的共同发展和进步。

中国是一个历史悠久、底蕴丰厚的文明国家，自古以来就秉持着海纳百川、天下为公的包容理念。构建中华民族共同体和铸牢中华民族共同体意识，并不仅仅是为了谋求中华民族的利益，更是为了使中国成为世界上优秀民族之一，为人类的发展作出贡献。

中国在全球减贫和生态文明建设方面取得了显著成就，贡献了巨大的力量。世界对中国在减贫方面的贡献给予了高度评价。中国坚持新发展理念，积极履行国际承诺，为全球绿化和可持续发展作出了重要贡献。

当前，世界正面临着百年未有之大变局，各国面临着共同的挑战。构建持久和平、开放包容、普遍安全、共同繁荣、清洁美丽的世界成为全球人民面临的共同任务。中国提出的共同体理念，符合世界人民对和平与发展的共同期待，具有重要的现实意义和深远的历史意义。

铸牢中华民族共同体意识和构建人类命运共同体意识是中国共产党在不同场域的外在表现，都致力于实现人类自由全面发展，构建全人类的最大同心圆。只有中华民族共同体与人类命运共同体相互联结、有机互动，中国的发展与世界的进步才能稳步前行。面向未来，中国将继续促进中华民族共同体和人类命运共同体意识的融合和提升，推动全球共同发展与进步。

第四节 铸牢中华民族共同体意识的条件与关系

一、铸牢中华民族共同体意识的条件

（一）党的全面领导，协调政治优势

中国共产党作为国家发展和民族进步的坚强领导核心，拥有统揽全局、协调各方的重要地位，这一点不容忽视。党的领导地位和政治优势并非天生，而是在为人民谋幸福、为民族谋复兴的伟大进程中逐步形成的。经过百年风雨的洗礼，中国共产党从成立时只有50多名党员的弱小政党发展成为世界上最大的政党之一，成为影响世界格局演变的关键因素。

“党的领导是国家和民族的根本所在，也是社会主义现代化建设的优势和稳定基石。用‘众星捧月’形象地比喻党总揽全局、协调各方的领导核心作用。在这个比喻中，‘月亮’代表中国共产党，‘星星’则象征着工农商学兵政等各方，它们紧密围绕在‘月亮’周围，积极支持党的领导，共同努力推动发展。历史和

实践证明，党的政治优势发挥得越充分，中国的民族格局就越稳固，社会就越和谐，中华民族的凝聚力就越强，形成‘中华民族一家亲’的生动局面。”①

近年来，中国在民族工作方面的宝贵经验之一就是坚持党的领导不动摇。党中央以不断推进党的建设新的伟大工程，高度重视民族工作，站在实现民族伟大复兴和人民幸福的战略高度，提出了一系列丰富的新理念、新思路和新断言，为培育和巩固中华民族共同体意识提供了重要的引领方向。党中央不断加大政策倾斜力度，促进民族地区的协调发展，推动基本公共服务均等化建设，不断提升民族地区的现实转化力，致力于解决民族发展的物质和精神问题。

党的正确领导使得中国共产党成为中华民族最坚强的核心支柱。正是在党的领导下，中国人民战胜了各种困难，建立了中华人民共和国，完成了社会主义革命，推进了改革开放。这些成就的取得证明了中国共产党统揽全局、协调各方的政治优势，突显了中国共产党在中华民族复兴中的不可替代作用。

中国共产党领导的优势和特色是我们实现从小到大、由弱变强的重要法宝。在中国，没有任何一个党派能够像中国共产党那样有效地团结各族人民，追求人民幸福，肩负起实现民族伟大复兴的历史使命。在当前国内外形势下，只有坚定不移地拥护党的领导，团结最广大人民力量，中华民族才能乘风破浪，行稳致远，走向更加光明的未来。

（二）中华民族迈向伟大复兴的重大机遇

自中华人民共和国成立以来，特别是改革开放以来，中国共产党领导全国各族人民经历了艰苦奋斗，取得了历史性的转变，将中国从一片疮痍带向了繁荣昌盛。中华民族正在逐步实现民族复兴的伟大目标，这不仅意味着中国所处的时代定位发生了新的变化，也显示了中华民族共同体意识的重要机遇。总体来看，这一时代机遇主要源于两方面：一是党领导下创造了世所罕见的经济快速发展和社会长期稳定，为培育和巩固中华民族共同体意识奠定了坚实基础。二是全球化背景下的国际地位提升，使得中国在世界舞台上的影响力显著增强。这不仅提升了中国的经济实力和国际竞争力，也增强了中华民族的自信心和凝聚力。中国通过

---

① 蒋永发. 论中华民族共同体意识［D］. 北京：中共中央党校，2022：120.

对外开放与国际合作，加速了技术进步和产业升级，同时也促进了文化的交流与互鉴。这些成就进一步加深了国内外对中国发展模式的认可与尊重，为中华民族复兴的道路赢得了广泛的国际理解和支持。

经济的快速发展是中华民族日益接近伟大复兴的重要因素之一。中国在中华人民共和国成立之初曾经历贫困和落后，饱受帝国主义列强和封建主义的压迫。然而，中华人民共和国成立后，中国共产党牢牢掌握了国家建设和民族发展的主动权，积极追赶时代的步伐，融入世界发展潮流。特别是改革开放以来，中国找到了适合自身情况的正确道路，大力进行改革开放，迅速实现了工业化进程，创造了举世瞩目的发展成就。从 1949 年到现在，中国的经济总量不断增长，成为世界第二大经济体。党的领导下，中国在经济上取得了长足的进步，这为中华民族共同体意识的培育和巩固提供了强大支撑。

社会长期稳定也是中华民族日益接近伟大复兴的重要因素。中华人民共和国成立 70 多年来，中国经历了重大的时代性考验和历史性变迁，但无论是国内的困难还是国际的挑战，中国人民都保持着坚定的信念和前进的步伐。改革开放以来，中国社会保持了和谐稳定，人民生活得到了显著改善，这为中华民族共同体意识的培育和巩固提供了有力保障。在党的正确领导下，中国共产党和全国各族人民将继续团结奋斗，共同迈向民族复兴的光明未来。

（三）中华民族“大一统”的坚实历史纽带

中华民族的发展是一种客观历史过程，也具有内在的持续发展趋势。对于这一特殊民族而言，实现国家统一的历史必然要建立在“大一统”精神核心价值和正确引领方向之上。这种“大一统”的强大惯性既是中华民族存续发展的优势，也是中华民族共同体意识巩固的基石。这一优势属性贯穿于中华民族的历史和未来。

回顾历史可知，“大一统”思想早在夏商周时期就开始萌芽。这种思想在历史长河中塑造了“天下一统”的时代面貌，演奏了“多元一统”的曲调，为中华民族的延续发展发挥了不可替代的作用。经历了不同王朝时期的更替，无论国家版图如何变化，“大一统”的政治理念始终是统治者们的最高追求。在这种强大惯性的推动下，中华民族各族群体之间的融合不断加深，国家疆域不断扩展，民族凝聚力也不断增强。虽然在近代，列强的入侵曾使中国陷入危机，但中华民族共同体意识在对抗外敌中逐渐形成。历史上的重大事件，如甲午战争、辛亥革命、“五四运动”和抗日战争，都促进了各族人民的国家统一意识和民族整体意识的提升。

尽管在历史进程中，“大一统”政治格局曾多次受到挑战，但民族的历史惯性一直存在。这种惯性使得中华民族得以避免走向灭亡的道路，成功维系了国家的统一和社会的稳定。中华人民共和国成立后，“大一统”的历史惯性继续推动着中华民族向前发展。

今天，中国面临着巨大的变化，但民族“大一统”的历史惯性依然存在。在中国共产党的领导下，中国经济快速发展，社会稳定和谐，民族团结统一，国家繁荣富强。未来，无论外部环境如何变化，“大一统”始终是中华民族的文化信仰和精神支撑，也是中华民族坚定不移的价值追求。

二、铸牢中华民族共同体意识的关系

（一）共同性与差异性的辩证统一

深刻理解共同性与差异性的辩证关系，不仅是中国化民族理论创新发展的内在要求，也是推进新时代民族工作的现实需要。中华民族是一个共同性与差异性并存的民族共同体，在民族历史发展进程中共同性与差异性不断显现。差异性是各民族因生产力水平、生存环境、语言谱系和历史源流等因素形成各具特点的民族文化的表现。共同性则是中华民族多元一体格局形塑的基础，是各民族相同点的历史汇聚，体现了团结一心、荣辱与共、风雨同舟的命运共同体。中华民族的历史是各民族和谐共生、守望相助、休戚与共、和而不同的伟大发展史。因此，增进民族共同性、尊重和包容差异性是我们开展民族工作的重要原则之一。

共同性与差异性是一个相互关联不可分割的有机统一体。它们既相辅相成又相互制约。正确处理这一关系要求我们既要尊重和包容差异，也要聚焦共性、增进一体。只有在合理的族际张力中保持共同性与差异性的平衡，中华民族才能迎接充满希望的未来。在处理这种关系时，我们不能过分强调共同性而忽略差异性，也不能过分放大差异性而忽视共同性。只有在尊重差异、包容多样的基础上，我们才能真正实现各民族共同发展，团结凝聚成稳固的民族共同体，发挥出中华民族的整体优势。

在现代社会，一些多民族国家选择了均质化的整合建构模式，但这种模式往往会导致更大的民族矛盾和社会动荡。相比之下，中华民族是一个多民族汇聚的实体，各民族的共同性和差异性相互交融，基于一体的基础上包容多元。尊重和包容差异是为了更好地凝聚全民族的共识，实现各民族共同发展。我们必须认识到，民族之间的差异是正常现象，只有在尊重差异、包容多样的基础上，中华民族才能实现团结稳定、共同繁荣。

（二）中华民族共同体意识与各民族意识的关系

中华民族共同体既包含了民族文化最高形态的共同体意识，也包含了各民族内在信仰自觉遵循的独特民族意识。中华民族共同体意识是各民族意识凝聚的集合体，代表着中华民族的文明特征、整体利益和共同价值。而民族意识则是各民族在特定时空场域内形成的心理意识、文化濡涵和内在特色。两者密不可分，相辅相成。

中华民族共同体意识与民族意识在角色、地位和联系上存在着区别。共同体意识是主导地位，统率指引着民族意识，民族意识要服务于中华民族共同体，以民族整体利益为重。两者相互依存、互为影响。共同体意识离不开各民族意识，而民族意识是中华民族共同体意识的构成因子。只有在民族意识高度凝聚的基础上，中华民族共同体意识才能发挥其应有的价值魅力。

在现实中，民族意识的凝聚与民族共同体意识的形成是相互作用的。只有当各民族的利益得到共同体的满足与回应后，民族意识才会主动汇聚、有机凝结成民族共同体意识。中华民族共同体意识的有效凝聚不仅要满足少数民族的发展需求，更要为所有五十六个民族成员共同创造良好的发展平台，建立稳固的保障体系。

只有做到中华民族共同体意识与民族意识的和谐统一，中华民族的未来发展和各族人民的生活才能得到保障。只有真正尊重各民族的共同需要和价值诉求，中华民族才能朝着稳步发展、共同进步的方向前进。

（三）中华文化与各民族文化的关系

中华文化是各民族成员及先民在数千年历史演进中共同创造的伟大成果，是各民族文化精髓的高度凝聚，是各民族成员的共有精神家园。正确理解中华文化与各民族文化的关系对民族工作至关重要。中华文化与各民族文化是辩证统一、相辅相成的关系。

从辩证统一性来看，中华文化与各民族文化并非对立矛盾，而是一般与个别、普遍与特殊、共性与个性的辩证统一。各民族文化是中华文化的重要构成部分，彰显了中华文化的多样性统一。

从不可分割性来看，中华民族就像一个百花齐放的大花园，各民族文化是其中盛开的鲜花，深深扎根于中华文明的沃土之上。各民族文化既展现了本民族的鲜明个性，又凸显了中华文化的普遍共性。我们应当尊重每个民族的文化特性，同时也要强化各民族文化中蕴含的中华文化共性，积极寻求共同价值，创造中华文化的共同纽带。

在把握中华文化与各民族文化关系时，我们要避免两种错误倾向：一方面，不能过分强调民族文化的特性，而忽略了各民族文化间的共性。另一方面，也不能单向度放大中华文化的共性，而忽略了各民族文化的独特性。正确的文化方略是尊重差异、包容多样，实现各美其美、美人之美、美美与共。各民族文化都是中华文化的重要组成部分，只有共担共建共享，才能建设好中华民族的精神家园，为亿万中华儿女提供精神支撑。

（四）物质与精神的互动关系

物质与精神的关系是哲学中的基本问题，也是民族工作中不可忽视的重要议题，贯穿党的工作全过程，涉及民族工作的方方面面。物质是中华民族共同体建设的实际基础，而精神则是实现民族复兴的重要支柱。在民族工作中，既需要依靠物质力量，也需要借助精神力量，二者缺一不可。

物质与精神在民族发展中扮演不同的角色，二者相辅相成，不可偏废。物质层面体现在生产力、基础设施、人民生活等方面，而精神层面则表现为共同理念、文化信仰、心理认同等内容。然而，实践证明，提高生产力和改善生活水平并不会直接提升人们的思想水平和精神境界，同样，精神境界的提升也不会自然创造财富。因此，解决民族问题需要同时关注物质和精神两个方面，这是历史和实践的结论。

随着全球化和民族主义思潮的兴起，国家不仅需要解决物质问题，还需要建立超越民族认同的共同体意识，构建民族精神共同体。这意味着民族成员之间不仅在物质层面相互影响，还在精神层面达成一致，构建一种真正属于人类的共同体类型。因此，培育和铸牢中华民族共同体意识需要同时注重物质和精神，使中华民族成为各民族成员的精神家园和灵魂归属地。

综上所述，正确理解和把握物质与精神的关系对于培育和铸牢中华民族共同体意识至关重要，是民族工作的内在要求，必须予以高度重视和妥善处理。

第二章　以文化认同铸牢中华民族共同体意识

第一节　文化自信与文化认同

一、文化自信

文化自信是指一个国家、一个民族对自己的文化价值和特色充满自信和自豪的一种态度。它表现为对本国文化的认同和肯定，以及对文化传统、文化成就和文化发展潜力的坚定信念。文化自信包含着对自身文化传统的自信，对文化软实力的自信，以及对文化创新和发展的自信。这种自信不仅体现在国内文化建设和传承中，也在国际文化交流和对外传播中表现出来，是推动国家文化繁荣和国际文化交流的重要力量。

（一）文化自信的特征

1. 时代性特征

时代性是文化自信的重要特征之一。随着社会的发展和变迁，不同时代的文化表现方式和价值观念都会有所差异，因此文化自信也必须具备时代性，以适应当代社会的需求和挑战。一个具有时代性的文化自信应该能够与时俱进，具备开放性和包容性，并关注当下和未来。时代性要求文化自信与时俱进，随着科技的飞速发展和全球化的深入，社会在各个方面都发生了巨大变革。文化自信必须能够积极拥抱这些变化，并在其中找到自己的定位。它应该在传承和发展传统文化的基础上，结合现代的思维方式和表达形式，使传统文化焕发出新的活力。时代性要求文化自信具备开放性和包容性，如今的社会已经变得多元化和多样化，不同文化之间相互渗透、相互影响。

文化自信不能孤立于自己的狭隘圈子，而应该敞开心扉，积极吸纳其他文化的优秀成果，促进文化的多元融合。只有这样，文化自信才能真正代表当代社会的精神风貌。时代性要求文化自信关注当下和未来，一个有时代性的文化自信应该能够深刻理解当代人的需求、期望和价值追求，并能够为其提供思想启迪、情感抚慰和精神寄托。同时，它也应该有着对未来的展望，能够引领社会走向更加美好的未来，并为后代留下有意义的文化遗产。只有在不断与时代接轨的基础上，文化自信才能在当代社会中焕发出生机和活力，为社会进步和发展做出积极贡献。

2. 科学性特征

在当代社会中，科学已成为推动人类社会进步和发展的关键力量。科学性要求人们对知识的获取和传播持有科学的态度。文化自信意味着对自己文化传统和价值观的自信，但同时也要求人们对其他文化的知识和成就保持开放和包容的态度。科学性要求人们通过科学方法和理性思维去获取和评估知识，不盲从、不偏见，而是基于证据和逻辑进行推理和判断。科学性要求人们对科学成果持有合理的评价和认识。科学是一种不断发展和演进的知识体系，任何科学理论都应该经受实验和观察的检验，并随着新的证据和发现进行修正和完善。文化自信的科学性表现在人们对科学方法的理解和尊重，能够认识到科学理论的相对性和暂时性，并在科学的推动下不断追求真理和进步。此外，科学性还要求人们关注科学教育和科学普及。文化自信需要人们对自己文化的科学成就有清醒的认识，并将科学知识传承给后代，推动科学教育的普及。科学普及可以增强人们的科学素养，培养批判性思维和科学精神，使人们能够更好地理解和应用科学知识，为社会发展做出贡献。

3. 民族性特征

民族性所指的是一个民族在历史发展中形成的共同特征和独特文化，包括语言、价值观念、习俗和传统艺术等方面的独特元素，这些元素不仅是文化的外在表现，更是精神上的认同和归属感。

（1）民族性是民族文化的重要标志，它体现了一个民族在文化领域的独特性和独立性，增强了民族的自信心。

（2）民族性对于文化传承和创新至关重要，它保持了民族文化的独特性，并为文化的创新提供了内在动力。

（3）民族性促进了文化多样性和文化交流，不同民族之间在共享民族性的基础上实现了文化的互补和发展。

（4）民族性也是国家形象和国际交往的重要因素，展示了国家的文化自信和独特魅力，有助于提升国际竞争力和促进国际文化交流合作。

4. 开放性特征

开放性是文化自信的一个重要特征，指的是对外部文化和观念持开放态度的特征。文化自信代表着对自身文化的价值、传统和创造力的认同和肯定，而开放性则展现了对多元文化的包容和尊重，促进了文化交流与对话，以及对创新和变革的包容态度。

（1）开放性体现了对多元文化的包容和尊重。一个具有文化自信的社会欣赏和尊重其他文化表达形式，包括语言、习俗、艺术等，从中吸取有益元素并进行融合和创新，推动文化的进步和发展。

（2）开放性促进了文化交流与对话。鼓励人们与其他文化进行交流和对话，使双方能更深入地了解彼此的内涵和价值观，实现文化交流的双向性和相互尊重，从而拓宽视野，促进文化的多元发展。

（3）开放性体现了对创新和变革的包容态度。一个具有文化自信的社会愿意接纳新的文化形式和表达方式，适应时代变化，推动文化的创新和发展。

5. 实践性特征

实践性是文化自信的一个重要特征，表现在文化自信的实际行动、实践推广和实际效果中。

（1）实践性体现在文化自信的实际行动中。文化自信需要通过各种实际活动来展示自己的文化实力和魅力，如文化节庆、艺术表演、展览、文化遗产保护等。这些活动让本国人民深切感受到文化的力量，同时向世界展示文化自信的成果。

（2）实践性还表现在文化自信的实践推广中。国家或民族可以通过教育体系的改革，将本国文化价值纳入教育课程，培养年轻一代对本国文化的认同和自豪感。

（3）通过文化交流、合作项目等方式，将本国文化推广到世界各地，增进国际的文化理解和友谊，促进文化的传承和发展。

（4）实践性还表现在文化自信的实际效果中。文化自信通过实际行动和实践推广，不仅展示实力，更重要的是实现文化的繁荣和发展。国家或民族能够通过实践增加文化产业的发展，推动文化创意产业的兴起，提高国家的软实力和国际竞争力。实践性的文化自信促进文化的创新与融合，使文化成为社会进步和国家发展的重要力量。

6. 可塑性特征

文化自信作为国家和民族对自身文化的自豪感和信心，其特征中的可塑性是至关重要的一环。可塑性指的是文化的适应性和发展潜力，一个具有文化自信的国家或民族应该相信自身文化能够适应时代的发展和变化。这一特性不仅在文化的传承和保护方面体现，更在文化的创新和发展以及文化交流与融合方面显现着。

（1）文化自信的可塑性在文化传承和保护方面表现出来。国家或民族应重视传承文化遗产，保护历史文物和传统技艺，同时注重文化教育，使年轻一代对文化有所了解和认同。然而，这并不意味着僵化，而是应保持传统的同时与时俱进，接纳新思想和观念，使文化与社会发展相契合。

（2）文化自信的可塑性还体现在文化的创新和发展方面。国家或民族应鼓励文化创新，推动文化产业的发展，包括艺术、文学、音乐等领域以及文化科技产业的创新发展。这样的创新不仅能展现国家或民族的独特魅力，还能提升文化软实力。

（3）文化自信的可塑性也表现在文化交流与融合方面。国家或民族应积极参与国际文化交流，吸收其他文化的优秀成果并融入自身文化。这不仅能够拓宽文化视野，增加文化多样性，还有助于促进不同文化间的相互理解与和谐发展。

（二）文化自信的主客体

1. 文化自信的主体

对于文化自信的主体来说，文化自信的增强是指中国共产党、中华民族和中华人民共和国对自我文化产生的价值、前景、理想和活力的认可与肯定，中国共产党和中华人民共和国以及中华民族不断肯定和认可中华文化理念、文化生命力和文化价值的产物便是高度的文化自信。就这方面而言，中国共产党和中华民族以及中华人民共和国是三个相互统一的主体，所以它们以共同的文化目标作为追求，也就是以中华民族的优秀文化作为基础和前提，推动思想大系统的建设和完善，大力促进国家和民族以及人类文明和文化的发展。所以，只有文化主体对文化自信更坚定，才能让我们在充满竞争、变化的新时代中增强竞争优势、站稳脚跟，让我们拥有更加坚强的勇气和底气创造中华文化的新辉煌和世界文化的新文明。

2. 文化自信的客体

文化自信的客体就是中华文化，中华文化由以下三个方面构成：

（1）中华民族文化形成的根基，中华民族经过了五千多年的发展，不断积累的中华优秀传统文化蕴含了丰富的内容，主要包括尊亲尚德的社会观、刚健自强的实践观、天人合一的自然观、和而不同的矛盾观等。

（2）在中国共产党的带领下，中国人民通过中国伟大革命征程所创造的具有鲜明特征的中国特色革命文化，也称作红色文化，具体来说，是指中国共产党自诞生以来，对全国广大人民群众进行领导和团结，开展社会主义建设和长期的革命斗争的过程中产生的思想精神、理想信念和道德价值以及伟大成就，红色文化作为一种重要的特色文化现象，体现出了鲜明的时代性和民族的特殊性，所产生的革命精神有利于对中华民族精神的时代精英进行磨炼和锻炼。

（3）将不断更新和与时俱进的社会主义先进文化融入其中，这不仅继承了优秀传统文化的内涵和特色革命文化的基因，还体现出了人类社会先进文化的前进方向和中国特色社会主义文化的竞争优势以及未来发展方向。

3. 文化自信的主客体关系

对于文化自信的主客体关系来说，以马克思主义唯物史观的视角来审视文化自信，文化自信的本质其实就是一种文化实践活动，通过这种实践活动的联系，文化主体与文化客体建立了一系列关系，如实践关系、认识关系、价值关系，等等。因此，我们要不断推进和发展中国特色社会主义伟大实践，在伟大实践中坚定对三大文化资源的自信，为实现“两个一百年”奋斗目标和中华民族伟大复兴的中国梦而奋斗。

从本质上来说，文化自信是利用价值判断文化，文化不自信是和文化自信相对立的概念，文化不自信包括文化自恋、文化自大和文化自卑、文化自弃。

文化自恋和文化自大是指文化主体不能对外来文化的长处和优点形成客观的认识，一味使用无视或蔑视的态度对待外来文化，对自身文化盲目骄傲、自满，这种文化心态会产生非常大的危害。

文化自卑和文化自弃是指文化主体很难对自身文化的长处和优点形成正确的认识，一味崇拜外来文化，对自身文化进行轻视和蔑视，这也是一种错误的文化心态，会产生不利影响。所以，我们要用文化自信的态度正确对待自身文化和外来文化，也就是，文化主体要通过自我塑造、弘扬和理性认知的方式认识自身文化，通过自我丰富、发展和批判吸收的方式对待外来文化，通过创新超越的高度自觉性对待所有的客体文化。

所以说，文化自信拥有丰富的内涵，不管是文化自信的客体、主体、主客体关系的建立都要对文化自信进行准确把握，我们要对文化自信形成明确的认识——文化自信是对中国特色社会主义文化产生的认可和肯定。一旦这个条件不成立，我们便很难利用科学的尺度和精准的坐标点衡量文化的古今中外，可以说，在当前时代，中国特色社会主义文化是中华文化的典型代表和集中体现，并且作为重要的潮头对中华文化进行引领。所以，我们要更加坚定和增强中国特色社会主义文化自信，积蓄更多有利于中华文化发展和繁荣的精神力量和动力，推动中华文化朝着更高、更远、更快的方向发展。

（三）文化自信的构成条件

文化自信作为一个议题，涉及个人和民族国家这两个基本维度。在个人层面上，文化自信意味着不同民族、不同国籍的个体能够在面对自己所属的文化时展现出独立性、自主性和对自身文化的优越感。而在民族国家层面上，文化自信则指的是一个民族国家相对于其他民族国家，在国际社会舞台上表现出来的独立性、自主性、独特性以及对自身文化的自我增强精神、创造机制、创新潜力以及其自身的优越性。因此，文化自信并非盲目自大，而是在与他者的比较中逐渐形成的。

具体而言，一个文化或一个民族国家获得真正的自信，其根本条件必须是自身所具备的，是实实在在地存在的，不仅包括历史上的存在，更包括现实中的功能发挥。这些条件涵盖了多个方面，必须从文化本身入手进行整合。综合人类学家、文化学家、哲学家们对文化的定义和理解，任何民族国家获得自身文化支撑的基本因素主要是通过创造层层叠加所形成的物质产品和精神产品，即物质性文化和精神性文化。然而，使民族国家获得充分自信的根本文化因素却不仅仅局限于其物质性文化，而是涵盖了更广泛的文化领域。

这些文化因素呈现出开放生成的体系，其中最为根本的构成要素包括五个方面：①是滋养该文化的情感土壤以及其空间场域的开放性、世界性和对异质性的包容度；②是内容文化的精神秩序，包括信仰、思想、知识的完整程度、共生发力程度，以及由此生成的人文精神取向所展现出的包容性和创造性；③是国民凝聚力，由情感土壤、精神秩序和基本行为导向模式的共生性建构所形成，以及其内敛性与开放性张力；④是社会意识形态以及其历史向度和基本取向的开放性；⑤是整合以上各根本要素形成的政治价值观和生存方式。对于任何一种文化来说，其自信程度取决于以上五个方面根本要素的整合生成，具体地说，即其民族国家文化整体所呈现的对外魅力和自我张力。

二、文化认同

文化认同指的是个体或群体对自己所属文化的认同和归属感。这种认同感体现在个体或群体对自己文化的价值观、传统、习俗、语言等方面的认同和认可上。文化认同是一个人或一个群体对其所处文化环境的情感认同和归属感，是个体或群体在文化中找到身份认同的重要基础。这种认同感可以影响个体或群体的行为、态度、价值观以及社会互动方式，对个体和群体的发展和社会和谐具有重要意义。

（一）文化认同的特征

1. 情感认同和归属感

情感认同和归属感是文化认同的核心特征之一，指个体或群体对自己所属文化的情感认同和归属感。这种认同不仅是一种理性的认知，更是一种情感上的连接和认同。个体或群体深刻地感受到自己与所属文化的联系，认同自己所处的文化环境，感受到与文化共同体的紧密联系和归属感。这种情感认同和归属感在个体或群体的心理和情感层面上产生，是文化认同的基础和动力。情感认同和归属感的存在使个体或群体在文化认同的过程中感受到一种温暖和安全感，同时也加深了他们对自己文化的认同和忠诚度。

2. 价值观认同

价值观认同指个体或群体对自己文化所持价值观的认同。这种认同包括对文化传统、道德观念、社会规范等方面的认同。个体或群体通过对所处文化的核心价值观的认同，表达了对文化本质的理解和认可。这种认同不仅仅是对价值观念的接受，更是对文化所代表的生活方式、行为准则和社会秩序的认同。在这种认同中，个体或群体将自己的行为和价值观与所属文化进行对接和协调，从而获得一种内心的平衡和稳定感。价值观认同的存在促进了文化认同的深化和扩展，同时也是个体或群体与所处文化之间联系的重要表现。

3. 习俗和传统认同

习俗和传统认同指个体或群体对自己所属文化的习俗、传统和风俗等方面的认同。这种认同体现在个体或群体对于文化传统的尊重、遵循和传承上。习俗和传统作为文化的重要载体，承载着历史、民俗等方面的丰富内涵，是文化认同的重要体现之一。个体或群体通过对习俗和传统的认同，表达了对自己文化的认可和尊重，同时也体现了对历史和传承的珍视和承诺。这种认同不仅体现在日常生活中对习俗的遵循和尊重，还体现在节庆、仪式等重要场合的参与和传承上。习俗和传统认同的存在加深了个体或群体对自己文化的认同感，促进了文化传承和发展的稳定性和连续性。

4. 语言和符号认同

语言和符号认同指个体或群体对自己所使用的语言、符号、象征等文化元素的认同。语言是文化传承和沟通的重要载体，而符号则是文化意义和价值的象征。在文化认同中，个体或群体通过对自己所使用的语言和符号的认同，表达了对自己所属文化的认可和归属感。

（1）语言是文化认同的核心之一。每种语言都承载着特定文化的历史、价值观念、传统习俗等丰富内涵。个体或群体使用特定的语言来表达思想、交流信息，并通过语言来传承文化的精髓。因此，对所使用语言的认同是对文化认同的重要体现。个体或群体通过使用自己的母语或其他特定语言，表达了对自己文化的认同和自豪感，加深了对文化共同体的归属感和认同感。

（2）符号认同是文化认同的另一个重要方面。符号包括旗帜、徽章、标志等具有特殊意义的象征物，它们承载着文化的象征意义和精神内涵。个体或群体通过对特定符号的认同，表达了对自己文化的认可和尊重。符号不仅是文化的象征，也是文化认同的重要表达方式。个体或群体在日常生活中使用、传承和尊重特定符号，强化了对自己文化的认同和归属感，促进了文化认同的形成和巩固。

5. 身份认同

身份认同指个体或群体在特定文化背景下对自己的社会角色和身份地位的认同。文化认同与身份认同密切相关，个体或群体通过对自己所属文化的认同，塑造了自己的社会身份，从而在社会中找到了归属感和认同感。

（1）文化认同为个体或群体提供了社会认同的基础。通过对自己所属文化的认同，个体或群体认同了特定的文化价值观念、传统习俗和社会规范，进而塑造了自己的社会角色和身份地位。例如，一个个体对自己所属文化的语言、价值观和生活方式感到自豪和认同，就会在社会中将这种认同感作为自己的身份认同的一部分，从而形成了自己在文化共同体中的社会身份。

（2）身份认同加强了文化认同的凝聚力和稳定性。个体或群体在文化认同的基础上建立了自己的社会身份，形成了对自己所属文化的深层次认同和归属感。这种身份认同不仅加深了个体或群体对文化共同体的认同感，还促进了文化共同体的凝聚力和稳定性。个体或群体因为对自己所属文化的身份认同而愿意承担起文化传承和保护的责任，进一步强化了文化认同的社会价值和影响力。

6. 文化行为模式

文化认同对个体或群体的行为方式、社交方式和生活方式产生深远影响，塑造了其独特的文化行为模式。文化认同影响着个体或群体在日常生活中的各种行为举止、社会互动和价值取向，反映了其对所属文化的认同和归属感。以下是文化行为模式的一些特征：

（1）行为方式：个体或群体的文化认同决定了他们的行为方式。这包括对待他人的态度、尊重他人的习俗和礼仪、遵循社会规范和价值观等方面。例如，在一些文化中，人们可能更倾向于尊重长辈、注重礼节，而在另一些文化中可能更注重个人表达和自由发展。

（2）社交方式：文化认同也影响了个体或群体的社交方式。不同文化中，社交方式可能存在差异，包括交往方式、交际圈子的大小和密切程度等。例如，在一些文化中，人们可能更偏好面对面的交流方式，而在另一些文化中可能更倾向于通过社交媒体进行交流。

（3）生活方式：个体或群体的文化认同还会反映在其生活方式上。这包括日常生活中的饮食习惯、居住环境、休闲娱乐活动等方面。例如，在一些文化中，人们可能更倾向于食用特定的食物，居住在特定类型的住宅中，以及参与特定的传统庆祝活动。

（4）价值取向：文化认同也塑造了个体或群体的价值取向。这包括对道德观念、家庭观念、个人责任感等方面的态度和价值取向。例如，在一些文化中，人们可能更注重家庭的稳定和团结，而在另一些文化中可能更注重个人自由和个性发展。

7. 文化认同的可塑性

文化认同的可塑性指的是个体或群体的文化认同并非静止不变，而是受到外部环境和社会变迁的影响而具有一定的可塑性。以下是文化认同可塑性的方面：

（1）受教育和社会化影响：个体或群体的文化认同可能会受到教育和社会化过程的影响而发生变化。通过教育，人们接触到不同的文化信息和观念，可能会重新评估自己的文化认同。社会化过程中，个体会受到社会环境、群体压力和社会观念的影响，从而可能改变其对文化的认同。

（2）跨文化交流和互动：跨文化交流和互动也会对文化认同产生影响。当个体或群体与其他文化进行接触和交流时，可能会接受新的文化观念和价值观，从而重新审视自己的文化认同。这种跨文化交流和互动促进了文化认同的多样性和丰富性。

（3）社会变迁和时代变化：社会变迁和时代变化也会对文化认同产生影响。

随着社会的发展和变革，人们的生活方式、价值取向和社会观念可能会发生变化，进而影响其对文化的认同。例如，科技的进步和全球化的影响可能改变人们的生活方式和文化观念，从而影响其文化认同。

（4）个体经历和成长环境：个体的经历和成长环境也会塑造其文化认同的可塑性。个体在不同的生活阶段和环境中接触到不同的文化信息和体验，可能会重新评估自己的文化认同。个体的经历和成长环境决定了其对文化的认同程度和方式。

（二）文化自信走向文化认同的逻辑

在澄清“文化自信”的内涵和“文化认同”的依据之后，清晰呈现了文化自信向文化认同的内在逻辑。实质上，文化自信走向文化认同的逻辑体现为个性向普遍、差异向共同的过渡。这里的“个性”和“差异”指的是地域化民族国家的独特性，始终以个性和差异的形式展现自身，标识着自己的存在。而“普遍”和“共同”则相对于地域化民族国家来说，表面上指的是人类、世界，但深层含义则涵盖了人类利益、世界价值以及共生存在的法则和原则。

文化认同的个性化体现为地域特征，而其差异性则表现为民族性。从逻辑的起点来看，文化认同即民族认同，即对民族独立性、独特性、个性和气质的认同。因此，认同民族是文化认同的基本前提；没有民族认同，就无法有文化认同。然而，这只是一个起点，文化认同的真正目标或逻辑归宿是人类认同和世界认同，即对人类和世界的普遍认同，认同人类各民族国家如何“在一起”的法则、公理、原则，以及由这些法则、公理和原则为指导所形成的人类利益、共同价值和共同边界。因此，文化认同的逻辑也就是从文化的“唯我”到文化的“合群”的边界逻辑。这一逻辑的生成依赖于开放的内在规范，其中包含了人性主义的族性逻辑和世界主义的权利逻辑。

1. 人性主义的民族性逻辑

人性主义的民族性逻辑是文化自信向文化认同转变的基础。它体现为个体基于生命本质的实践创造了民族，并以此成为民族的主体。这种族性逻辑通过两性和血缘的结合，将新生命播种于民族之中，形成民族文化的独特个性和风采。因此，民族的族性扩张并非简单地放大生命本质，而是融合了血缘和地域影响的共同生长。众多学者从不同角度阐释了这种逻辑，强调了民族文化形成的根本因素和内在力量，指出文化认同是民族共享的符号和记忆系统，将所有公民融为共同体。这一逻辑的理解深化了对文化认同的理解，将个体的自信与民族的认同融合为共同的文化身份。

2. 世界主义的权利逻辑

世界主义的权利逻辑源自人性和血缘的地域化合生逻辑，是文化自信向文化认同转变的动力。权利的本质是平等，但其灵魂是自由，因此权利逻辑展现为平等和自由的双重特征。马克思指出商品是天然的平等派，因为商品交换基于等价物，不增加价值。商品作为文化载体，反映了地域性、民族性和国家性的特征，是文化认同向世界迈进的最初形态。文化认同必须逐步展开至器物、行为模式和本体性层面，经历从质疑到受纳的过程，最终形成认同，推动除旧革新。在本体层面，文化认同不受商品、经济、技术和国家权力的影响，其关键因素是知识、思想和信仰的共通性程度。文化认同的展开可能是理性的或非理性的，但其持续发展必须理性至上，平等尊重权利，遵循权利逻辑。权利逻辑规定了文化认同的限度和边界，要求文化认同超越个性和差异，彰显世界和普遍，保持动态平衡。因此，文化认同必须是互存边界的限度存在，体现个人与世界的共生平衡。

3. 互为限度和边界的主体逻辑

文化自信向文化认同的过渡凸显了主体的互动逻辑。这里的主体不仅指个体，更涵盖了民族国家、人类文化和世界文明。个体和整体之间的关系构成了个体向整体生成、整体向个体回归的内在逻辑。在文化自信向文化认同的历史进程中，个体主体向整体主体生成，表现为民族文化个性和差异向普世人类文化认同的开放；而整体主体向个体主体回归，则体现为普世人类文化对民族文化个性和差异的尊重。这就是文化认同的主体逻辑。文化认同的主体逻辑既包含个性和差异的逻辑，也涵盖了普世、公理和原则的逻辑。因此，文化认同应当尊重民族文化的个性和差异，同时遵循人类主义的普世诉求，并契合世界主义的法则、公理和原则，例如宇宙法则、地球生命原则、共同利益和价值观的共存。这些原则是文化自信走向文化认同时所必须遵循和传承的。

4. 信与爱的逻辑

在人性主义的民族性逻辑、权利逻辑和互为限度与边界的主体逻辑整合规范下，文化自信向文化认同的过渡必须遵循信与爱的逻辑。信与爱的逻辑要求文化自信走向文化认同必须真正实现对个性、差异的尊重，同时遵循世界普遍的法律、公理、原则。这需要实现两点：信和爱。信和爱规定了文化自信向文化认同的过程，不是征服、占有、种族优越或国家强权，而是基于平等、诚信和慈爱。这既是文化自信向文化认同的目标，也是其日常、本真、应有的状态。

文化认同中的信意味着诚信和信义。基于诚信和信义，文化自信向文化认同的过程必须摒弃自恋、狂热和虚假，反对一切形式的谎言和暴力，包括军事和语言上的暴力，反对任何形式的欺骗和引诱。因为这些都违背了文化认同的世界律法和普世公理。

文化认同中的爱既是理解的同情，也是宽容的博爱。基于理解和慈悲，文化自信与文化认同需要摒弃种族优越论、狭隘的爱国主义或国家主义，警惕敌对、仇恨、怨恨、嫉妒、狂傲和霸权。因为文化自信向文化认同的灵魂是个性与世界、差异与普遍的共生存在，必须遵循生生不息的本性逻辑、平等的权利逻辑和主体逻辑，追求个体与整体、民族与人类、国家与世界的共存。

因此，文化自信向文化认同的行动必须以爱为动力，以理解的同情和慈悲的大爱为行为准则。只有在信义之中，世界才会更加美好；只有真正超越地域和种族的同情理解和慈悲大爱，才能点亮人类共存和世界大同的火炬，并将其不断传承。

第二节　文化认同铸牢中华民族共同体意识的理论基础

一、铸牢中华民族共同体意识的思想根基

“文化认同的角色显得尤为关键。这种认同不仅仅是对某一民族或族群文化的认知、自豪感、归属感以及对其文化意义的评价，更是一种深层的心理状态和

情感体验，它深刻影响着个体及群体的文化行为和社会实践。"① 文化认同在不同民族之间的双向互动中形成，这种互动不仅仅是表层的交流，更是价值观念和生活方式的深度融合，从而构筑起跨越狭隘族群界限的广阔视野。

中华民族文化认同建立在各民族文化的共生和互补之上，而这种共生关系又不断地在历史的演进中得到加强和丰富。梁启超对中华民族的定义强调了一个广义的"民族"概念，这不仅仅是基于血缘、地缘的自然属性，更是基于共同的文化和历史记忆。顾颉刚的"中华民族是一个"的论断，进一步强调了中华民族命运共同体的文化价值认同。这种认同是在长期的历史进程中逐渐形成的，它基于对中华文化深沉的共情和理解，使得"求同存异"的文化理念成为可能，也使得中华民族能够在全球化的大背景下保持内在的凝聚力和独特的文化身份。

中华文化认同的核心在于其历史性的生成逻辑，这是一种在漫长的历史和复杂的社会环境中逐步形成的共识和归属感。这种共识不仅仅体现在文化的表层符号如语言、艺术等方面，更深层地体现在价值观念和生活哲学上。中华文化的包容性、共生性与统摄性特点，有助于消解内部的文化疏离感，加强国家认同感，进而促进各民族的和谐共生与发展。同时，这种文化认同还强调了各民族成员的根本利益和生存意义，指导他们在现实社会中寻求更好的发展，同时积极参与到构建中华民族共同体的历史任务中来。

总的来说，中华文化认同作为铸牢中华民族共同体意识的思想根基，不仅仅是一种简单的文化自豪或传统维护的态度，而是一个深层次的、动态发展的过程。通过不断地文化传承和创新，强化共同的历史记忆和文化价值认同，中华民族能够在全球化的大潮中维护自身的独特性和统一性，持续推动社会的整体进步和和谐发展。

二、铸造中华民族共同体意识的文化纽带

中华文化的形成与发展历经数千年，其广阔的包容性是民族融合共生的历史成果。在这个过程中，各民族文化的交流与融合不仅丰富了中华文化的内涵，也

---

① 孙杰远. 个体、文化、教育与国家认同：少数民族学生国家认同和文化融合研究［M］. 北京：商务印书馆，2019：126.

促进了民族间的相互理解和尊重。这种文化的融通性不仅是中华文化形成的重要前提，也是其强大生命力的来源。文化认同作为塑造民族共同体意识的精神纽带，其层级逻辑反映了从本民族文化到中华文化的递进关系。各民族优秀传统文化都是中华文化的组成部分，中华文化是主干，各民族文化是枝叶，这种描述恰当地表达了中华文化与民族文化的辩证统一关系。

中华文化作为各民族文化的集大成者，涵盖了丰富的价值观、道德观和文化观等，为构建和谐统一的民族关系提供了坚实的思想基础。它不仅是一个涵盖各民族的文化体系，也是铸牢中华民族共同体意识的思想基础。“历史上，各民族在中华文化的熏陶下，形成了共通的心理特征和价值追求，如和合、大一统等理念，这些理念深入人心，巩固了中华民族的和谐统一。”①

从政策和实践的角度来看，中华文化的认同和尊重是实现民族团结和国家统一的关键。通过强化文化自信和文化认同，不仅可以增强民族的凝聚力，还可以在全社会范围内形成共享的文化价值观。例如，通过各种文化交流活动和教育推广，促进各民族对中华文化的深入了解和认同，这种认同进一步促使各族人民在社会实践中形成一种对中华民族的自觉归属感。

总之，中华文化与各民族文化的内在融合关系是中华民族共同体意识形成的文化基础。通过不断地强化这种文化认同，可以有效地推动中华民族共同体意识的构建和发展，使其成为维护国家统一和民族团结的坚强纽带。

三、从自在到自觉再到自为的文化认同之路

在全球化背景下，全球文化的交流和融合带来了不少文化认同的困惑，甚至引发文化间的疏远和冲突。中华民族作为一个自在的存在，经历了全球文化双重影响的挑战，面临文化认同感与文化独立性被削弱的困境。因此，强化中华文化认同成为中华民族生存与发展的关键，它促使各族人民自觉地接受和拥护中华民族共同体意识，激发了团结奋斗和共同发展的积极性。中华文化作为中国数千年历史文化的精华，主要体现在其世界观、价值观和实践方法上。其中，“以和为

① 崔榕. 少数民族中华文化认同的几个基本问题［J］. 中南民族大学学报（人文社会科学版），2016（3）.

贵”和“和而不同”的世界观促进了我国各民族在历史的演进中不断地融合和相互依存。中华优秀的文化传统如道德理性、行为修养、伦理道德的价值观，为各民族共同遵循的行为规范提供了基础。同时，“知行合一”和“身体力行”的实践观念，促进了中华民族精神品格的传承与发展，引导个体确认自我价值的自觉行动。“随着文化认同的加深，中华民族共同体意识从‘自在’逐步演进为‘自觉’，最终走向‘自为’，从而表现出广泛的民族交流融合与共同体意识的增强。”① 在该过程中，精神的相依成为各族成员的内在需求，中华民族的自豪感和归属感成为共同的文化属性。这种“自为”的中华民族共同体意识突出了中华民族全体成员的内在动力和行动自觉，使他们自发地把实现中华民族伟大复兴的中国梦转化为个人的人生追求，并将社会主义核心价值观自主地融入日常生活实践。

第三节 文化认同铸牢中华民族共同体意识的逻辑机理

中华民族共同体意识的形成是一个深层的心理过程，涉及各族人民对中华文化的认知逐步深入，最终形成对中华民族共同身份的强烈归属感、依赖感和精神信仰。这一过程在心理上遵循“认知—情感—行为”的逐步深化逻辑，从而使文化认同渗透到个体的自我品格并体现为自觉的文化行为。在这个框架下，文化认同不仅构筑了文化符号的认同、文化身份的认同和文化价值的认同三个层次的结构模型，而且这一模型紧密契合认同主体的心理发展层次，为深入解析铸牢中华民族共同体意识的内部机制提供了重要视角。在实际操作中，通过增强中华文化符号的共鸣，可以加深对“中华民族”这一身份的认同感；中华文化身份认同则规范了个体或群体在文化选择和价值实践上的行为，最终基于这些认同形塑出坚实的文化价值认同，进一步巩固了个体或群体的文化行为和价值观念。

① 李静，高恩召. 从自在、自觉到自为：中华民族发展的历史逻辑［J］. 中央民族大学学报（哲学社会科学版），2021（4）：39.

一、文化符号认同：铸牢中华民族共同体意识的逻辑起点

文化符号认同是形成中华民族共同体意识的基石，它增强了文化的可识别性和影响力，为各族成员构建文化身份和价值观念提供了关键的起点。中华民族通过文化符号得以实现，深植于我们丰富的文化遗产和历史传统之中，构建于人们心理的深层空间，激发着强烈的归属感。这些文化符号不仅满足感官认知的需求，增强文化的传播和吸引力，还激活了中华民族共同体意识。作为文化认同的直观体现，文化符号通过中华优秀传统文化及各民族独特文化的符号化表达，有效地凝聚民族共识，推动共同体意识的广泛接纳与深化内化。

通过民族服饰、民族歌舞、民族谚语等具体文化符号的展现，不仅反映了各民族文化的独特性，也表达了共享的价值观念。如“黄河”“长江”等中华文化符号，不仅生动地展现了中华民族共同体的历史脉络，还在增强国家认同感和凝聚民族力量方面起到了核心作用。这些文化符号构成了一个显性的感知系统，帮助各族人民理性地认识国家形象，显现出中华民族共同体的历史延续性、交互性和共生性。当这些文化符号被广泛融入人们的日常生活时，它们的意义得到了更广泛的表达和传播，加深了人们对共同体生活实境的感知和认同，从而在提升中华民族共同体意识中发挥了无可替代的作用。

二、文化身份认同：铸牢中华民族共同体意识的基石

“文化身份认同在中华民族共同体意识的构建中占据着核心地位，其不仅是个体与共同体之间达成一致性、黏合性和连续性的桥梁，也是民族成员文化身份自觉认同的表现。”① 人们通过历史记忆与社会实践的相互作用，将个体身份与中华民族的集体身份紧密联系起来，通过中华文化认同来深化这种身份标识。这种身份标识不仅具有传承的作用，还能重新构建文化印记，如族群历史的演变、伦理规范和价值倾向，这些都是促进文化共识与情感归属感生成的关键因素。

“文化身份认同可以细分为个体文化身份认同和集体文化身份认同。其中，‘民族’本身就是一种文化身份标识，个体文化身份认同表现为个体对其民族群

① 么加利，付倩．文化共生观照下中华民族共同体的建构逻辑［J］．广西民族研究，2021（4）：45-26.

体的归属感和倾向性，而集体文化身份认同则体现在对‘中华民族’这一更广泛身份的家国情怀上。”① 真正培育各族人民的文化身份意识，关键在于融合个体的民族身份观念和加强对“中华民族”这一共有身份的认同和自觉意识。

中华民族的身份在其历史发展的过程中不断得到构建，这一构建过程反映了文化身份的深层属性，如认同为“炎黄子孙”“龙的传人”等，这些都是中华民族的文化标识。中华民族共同体意识的形成，本质上是一种身份的确证过程，包含着中华儿女的精神图腾。“通过深化文化身份认同，不仅增强了中华民族全体成员的情感归属和身份构建，而且汇聚了情感力量，塑造了团结的意识，进一步强化了中华民族共同体的情感认同。”②

三、文化价值认同：铸牢中华民族共同体意识的核心力量

文化价值认同是铸就中华民族共同体意识的核心力量，它不仅深化了文化符号认同和文化身份认同，还规范了认同主体的价值判断和行为倾向。这种认同强调认同主体的积极性动机，有助于消除群体间的偏见，打破心理和空间的隔阂，并通过共同体的理念激发群体间的共情反应。文化价值认同为认同主体内部机制的构建提供了基础，赋予个体的行为以深层意义，影响其价值选择和行动意志，是塑造中华民族共同体意识的内在动力。

文化价值认同使人们内化某种价值体系，并形成一致的行动自觉，这不仅赋予个体以存在的意义，还激发实践动力。它基于各族人民对中华优秀文化精神谱系和核心要素的深入认同，进一步在日常生活中自觉维护社会规范和实践核心价值观。文化价值认同根植于各民族共有的价值准则、伦理道德和行为规范，反映为对中华民族共同文化的倾向性共识。中华优秀文化所蕴含的民族精神之魂，深刻影响着各族人民的精神世界、思维方式和行为模式。

社会主义核心价值观是中华民族精神的关键内容，集中体现了中华优秀文化的智慧和各族人民价值共识的凝练表达，它不仅是“一体”的价值彰显，也是凝聚价值共识的重要纽带。因此，各族人民对核心价值观的认可和遵循，直接体现

① 张劲松，卢巧妹. 文化身份建构：民族、全球化与“一带一路”[J]. 云南社会科学，2016（2）：82.

② 冯月季，石刚. 文化符号学视域下的中华民族共同体意识建构[J]. 思想战线，2021（5）：7.

了对中华价值文化的认同程度。通过将核心价值观融入各族人民的日常生活，我们可以汇聚更深层次的文化价值认同，推动共同体意识的构建与发展。

第四节 文化认同铸牢中华民族共同体意识的提升路径

文化认同是基于特定历史情境和具体生活场域的动态演进过程，实现个体觉知与社会归属的有机统一。铸牢中华民族共同体意识应基于认同主体“认知—情感—行为”的心理结构模型，遵循文化认同的逻辑层次与内在机理，通过凸显共通的文化符号，优化中华文化的符号表达与话语体系，强化中华民族共同体的认知认同。通过唤醒共同的历史记忆，深化“中华民族”的身份归属，增进中华民族共同体的情感认同。通过凝聚共生的价值理念，以社会主义核心价值为引领，形塑中华民族共同体的行为认同。

一、强化中华民族共同体的认知认同

中华文化符号的共通性在铸造中华民族共同体意识中起着至关重要的作用，这些文化符号不仅体现了各民族文化的丰富性和多样性，而且促进了各族人民从感性认知向理性认知的转变。通过共通文化符号的显性表达，各族人民在实践生活中逐渐形成对中华文化的深刻理解和高度认同，这种认同有助于凝聚民族力量，加强民族团结。

共通的文化符号，如传统节日、历史人物、文化遗产等，不仅是文化传承的载体，还是民族认同的纽带。这些符号跨越语言和地域，成为连接不同民族的桥梁，共同构成了中华民族的集体记忆。在当前全球化和多元文化背景下，强化共通文化符号的重要性显得尤为突出，它不仅能够增强内部凝聚力，还能在国际舞台上展示中华文化的独特魅力。因此，通过教育、媒体、艺术等多种形式加大对中华优秀传统文化符号的弘扬，可以有效提升民族的自豪感和归属感，进一步强化中华民族共同体的认知认同。这种深层次的文化认同是社会稳定和持续发展的基石，也是构建和谐社会的关键。通过这种方式，中华文化的核心价值观和理念得以在全民族范围内得到共享和传承，确保了中华民族共同体意识的坚固基础和

长远发展。

（一）强化民族共识和国家认同感

“国家象征，如国旗、国歌和国徽，不仅作为国家的形象和荣誉的象征，也承载着丰富的政治、文化与情感价值，是凝聚民族精神和增强国家认同感的重要标志。”① 这些象征的存在使各族人民能够在日常生活中频繁接触到国家的核心价值，通过这些具体而鲜明的符号，有效地激发了各族人民的爱国情感，提升了他们对中华民族共同体的价值理解。

在国家象征的教育与推广中，融入法治教育尤为关键。例如，将国旗法、国徽法和国歌法的知识普及到各族人民中，不仅加深了民众对这些国家象征法律意义的理解，还通过法律教育强化了公民的法治意识和爱国情感。此外，通过各种公共场合和国家活动中对国家象征的尊重与使用，如国旗升降、国歌演奏等，强化了国家意识和民族共识，使民众在重要时刻感受到作为中华民族一员的荣耀与自豪。

总之，国家象征不仅是文化的名片，也是民族团结的纽带，通过教育与日常的重视，可以有效培养出强烈的国家认同感和民族归属感，从而为铸牢中华民族共同体意识奠定坚实的基础。

（二）深化中华文化的共识与认知

“为进一步增强民族团结与共同体意识，深化各族人民对中华文化的认知，有必要完善民族团结进步的话语体系，通过富有象征意义的文化符号如‘大家庭’‘石榴籽’‘一家亲’等来表达中华民族的团结多样性。”② 这些符号不仅强调了各民族之间的亲密无间，也体现了中华民族共同体的整体性和内在联系。其中，“大家庭”这一概念特别具有启发性，它不仅仅是将传统的家国观念扩展到国家层面，更是将这种价值观深植于每个民族成员的心中。通过这样的文化叙事，中华民族的共同体意识得到了增强，同时也促进了各民族的相互理解和尊

① 张苗苗. 论国家象征在爱国主义教育中的作用［J］. 教学与研究，2021（4）：64-66.

② 王仕民，陈文婷. 铸牢中华民族共同体意识的符号表达［J］. 民族学刊，2021（9）：13-15.

重。将这些文化符号融入现代社会的教育、媒体、艺术等领域，可以有效提升它们的影响力和持续传播力。通过教育和媒体的普及，加深民众对这些符号的理解和认同，从而增强整个社会对中华文化的共鸣和认同。

总的来说，通过建设一个包容且富有共感的话语体系，不断深化中华文化的共识和认知，我们能够有效地构建一个和谐融洽、互助共荣的中华民族共同体，实现长远的民族团结与社会稳定。

（三）强化中华民族共同体意识的文化吸引力

在构建中华民族共同体意识的过程中，有效地融合各民族文化符号至中华文化符号系统显得尤为重要。这些符号，如民族故事、民间谚语、民族歌舞和民族服饰等，不仅丰富了中华文化的多样性，也增强了文化的共通性和吸引力。例如，广西的“三月三”节日作为壮族、汉族、瑶族、侗族、苗族等共同庆祝的文化活动，不仅展示了各民族文化的独特性，还强调了民族之间的文化共享与和谐共处。这种节日通过其丰富的文化活动和表达形式，加深了人们对各民族历史和精神的认识与传承。

进一步地，纳西族的谚语“藏族煨茶叶，纳西熬骨头，纳西藏族不分家”生动描绘了各民族间的友好相处和团结互助，这种表达不仅加深了民族间的情感联系，也增强了中华民族整体的团结感。通过系统地汇编和整合这些象征性的民族文化符号，并利用广泛受欢迎的传播媒介进行推广，可以有效提升中华文化的认知度和认同感。这种策略不仅强化了中华民族共同体意识的文化基础，也促进了中华文化在全球化背景下的传播力和影响力。

二、铸造中华民族共同体的情感基石

历史记忆作为中华民族文化身份的核心纽带，显著地彰显了各族人民的社会身份，并极大地增强了他们的价值感和身份确证。这种记忆不仅是对过往历史共识的联结，更是一种情感体验的传递，它通过历史教育的方式，唤起每个民族成员的共同记忆，从而深化民族身份的认同感。在这个过程中，通过教育和各种纪念活动的举办，如纪念节日和历史事件，我们不仅重温那些具有集体意义的历史时刻，更是在强化民族共识和集体身份。

这种对历史记忆的唤醒，为中华民族共同体的情感认同提供了丰富的精神资源。它使得各族人民能在了解和尊重各自历史的同时，构建起对中华民族整体历史的深刻理解和认同。这样的认同不仅是基于认知的理解，更是情感上的共鸣，从而增强了中华民族共同体意识，推动了民族团结和社会和谐。通过这种方式，共同的历史记忆成为增进中华民族共同体意识的重要工具，确保了民族工作的实际进展和持续性。

（一）激发民族情感的核心途径

历史教育作为激发民族情感的核心途径，承担着构建中华民族共同体意识的重要职责。这种教育方式通过传达各民族在中国历史上共同经历的斗争和发展，强化了跨越民族和地域的共同记忆和身份认同。特别是在全球化和多元文化背景下，历史教育的重要性变得更为显著，它有助于凝聚民族团结，增强国家凝聚力。

深入研究和教授中华民族的历史，尤其是关注那些能够体现民族团结与共同奋斗的历史事件，对于培育青少年的国家意识和民族自豪感至关重要。教科书的编写和课堂教学应当公正、全面地反映各民族在国家历史中的角色和贡献，避免任何形式的偏颇和误导，确保历史教育的客观性和教育性。此外，通过结合现代教育技术，如多媒体和虚拟现实，历史教育可以变得更加生动和感人，使学生们能够更直观地理解历史事件的发生过程及其深远影响。

同时，文化教育场所如博物馆、纪念馆和红色革命教育基地，发挥着无可替代的作用。这些场所不仅是学习历史的场地，更是体验和感悟历史的空间。通过组织参观学习，让公众特别是青少年能够亲身接触和感受到中华民族的历史文化遗产，从而深化对国家和民族的情感联系。例如，参观抗日战争纪念馆，可以让人们了解到各民族共同抵抗外侮的英勇历史，激发民族自豪感和爱国情怀。

此外，历史教育还应关注当代中国的发展成就，展示改革开放以来中华民族在经济、科技、文化等方面取得的进步，强调民族复兴的现代意义。通过历史与现实的对话，加强青少年对于实现中华民族伟大复兴“中国梦”的认同感和参与感。

（二）构建文化与情感的桥梁

在当今多元文化的全球化背景下，构建文化与情感的桥梁显得尤为重要，尤其是在铸就中华民族共同体意识的过程中。历史记忆作为一种深刻的文化资源，有助于凝聚民族精神，增强民族凝聚力。挖掘具有共性的历史记忆，不仅需要从宏观的国家史观中提取，更需深入到各民族的文化传统与日常实践中去发掘那些被共享的文化符号与价值观念。

“和合”思想，作为中华民族文化的一大特色，源自儒家哲学的核心原则之一，强调的是和谐与共生。这一思想不仅深深植根于汉族的文化传统中，也被如蒙古族、藏族等其他民族所共融并赋予新的文化内涵。例如，在藏族文化中，这种和谐共处的原则体现在与自然和平共处的生活方式中，而在蒙古族的传统中，则可能更多表现为部落之间的和解与合作。

教育系统在传递和重新诠释这些共享的文化价值方面发挥着关键作用。通过教科书的编纂、课程的设计以及教师的引导，可以有效地将这些共性的历史记忆和文化价值纳入学生的学习过程。学校应开发与中华优秀传统文化相关的教学资源，如通过文学、历史、艺术等学科，让学生理解“和合”思想如何在不同民族的历史和日常生活中得以体现和传承。

此外，教育活动应超越课堂，扩展到博物馆、文化节庆活动和其他社区活动中，通过更加生动的实践体验，使学生能够感受到中华文化的深厚底蕴和当代价值。例如，组织学生参与春节、端午、中秋等传统节日的庆祝活动，或是让学生参与到少数民族的传统节庆如苗族的跳月节、藏族的雪顿节中，体验不同文化的风俗和传统，加深对中华文化多样性与共性的理解和感知。

（三）促进民族情感的共鸣与认同

“仪式教育在铸造中华民族共同体意识中发挥着不可或缺的作用，它通过民族节日和传统仪式加强了民族文化的独特性展现，并深化了各族人民对共同体认同的情感体验。这种教育方式利用具有象征意义的文化活动，如节日庆典和民族仪式，直接传达共同的历史记忆和文化传统，其中蕴含的共享情感能量成为形成强烈共同体验的有效途径。”①

例如，土族的“纳顿”节不仅是土族的文化展示，也是民族交流的平台，它通过庆丰收的活动形式，增进了各族人民对中华民族共同体的归属感。在这种节日仪式中，参与者通过共同庆祝农耕成功，不仅加强了族群内部的社会凝聚力，也促进了不同民族之间的相互理解和尊重，从而加深了对中华民族共同体的认同感。苗族的“木鼓节”则突出了以鼓为中心的传统节日的重要性。这一节日不仅仅是苗族的文化符号，而且已成为中华民族共同体文化认同的一部分。通过鼓舞仪式的展演，这种节日不仅加强了苗族内部的文化认同，还向其他民族展示了苗族文化的魅力，促进了不同民族间的文化交流和理解。“这种文化的开放性和包容性增强了民族间的团结和认同，从而形成了跨越民族界限的广泛共识和深刻的情感联系。”②

这些仪式教育活动的有效性在于它们能够将文化传统和现代意识形态融合，通过庆典和仪式的具体实践，让参与者不仅在理智上理解文化的重要性，更在情感上体验到文化的力量。因此，仪式教育不仅仅是文化传承的工具，更是塑造和维系中华民族共同体意识的战略资源。通过这些活动，可以有效地激发民族情感，增强民族团结，促进各族人民在多样性中寻找和认同共同性，最终形成坚固的共同体意识。

三、塑造中华民族共同体的行为认同

文化价值认同是中华民族共同体意识的核心，它不仅反映了各民族成员之间的紧密联系，还是促进个体与国家间有机契合的基础，从而增强了维护民族团结的自觉行为意志。特别是社会主义核心价值观中所蕴含的共生共融的价值取向，为构建和谐多元的中华民族共同体提供了重要的思想和行动指南。通过广泛宣传和实践社会主义核心价值观，我们可以更好地凝聚各族人民的价值共识，建立一种共治共享的文化实践机制。这种机制不仅能引导各族人民树立正确的国家观、

① 张前，杨玢，王峥丽．铸牢中华民族共同体意识文化仪式的空间展演：基于土族“纳顿”庆丰收会的仪式分析［J］．青海民族大学学报（社会科学版），2021（4）：8-10．

② 袁轶峰，石凯月．苗族的祖源传说与身份认同：以清水江上游清江村田氏为例［J］．原生态民族文化学刊，2021（4）：66-70．

民族观、文化观，还能强化通过价值引导下的实践体验，进一步形塑出中华民族共同体的行为认同。这样的行为认同是中华民族长期和谐发展的重要保障，也是推动社会主义现代化建设的内在动力。

（一）铸就青少年的国家认同感

学校教育作为培养青少年国家认同感的核心途径，承担着对未来公民的思想塑形和价值观引导责任。它通过教育体系内的课程内容和教育方法，逐步培养学生的认同感，特别是对国家的认同。在不同的教育阶段，教育的重点和方式应当与学生的心理发展和认知能力相匹配，以确保教育活动的有效性和针对性。

在学前和小学阶段，教育的核心是利用孩子们对周围世界的好奇心和模仿能力，通过生活化的教学场景传递社会主义核心价值观。这可以通过组织各种文化和传统节日活动实现，如春节、中秋节等，这些活动不仅能够让孩子们体验传统文化的魅力，还能在无形中培养他们的家国情怀和民族自豪感。例如，通过教学中华传统节日的历史意义和文化价值，孩子们可以学习到关于团圆、感恩和尊敬长辈的重要性，这些都是社会主义核心价值观的重要组成部分。

对于中学阶段的学生，由于他们的抽象思维能力和批判性思维能力开始成熟，教育应更加侧重于通过历史、语文和政治等学科，深化他们对国家、民族和文化的认识。这一阶段的教育应重点培养学生的历史意识和国家认同感，让他们理解中华民族的发展历程及其在世界历史中的地位。通过研学旅行、参观红色教育基地等活动，学生可以更直观地了解国家的历史，感受革命先烈的精神，从而激发他们的爱国情感和对国家未来的责任感。此外，通过社会实践和志愿服务活动，学生可以在实际中学习和体验社会主义核心价值观的实际应用，如诚信、友善和责任感。这些活动不仅帮助学生建立正确的世界观和人生观，还促进他们的社会适应能力和团队合作能力，为他们成为能够为社会作出贡献的公民打下坚实的基础。

总之，通过这种全方位、多层次的教育策略，学校教育不仅能够有效培育学生的国家认同感，还能为构建一个团结向上的社会氛围作出积极贡献。这种教育方法确保每一个学生都能在不同阶段获得适宜的文化熏陶和价值观教育，是实现中华民族伟大复兴中国梦的重要保障。

（二）深化中华民族共同价值理念的社会认同

在当代中国社会，随着全球化和多元文化的交融，如何有效深化中华民族的共同价值理念，特别是“和平相处，共同发展”的理念，成为社会发展的关键任务。这一任务的实现依赖于多个社会机制的有机结合与协同工作，特别是在社会场域中的涵化宣传功能的发挥。

第一，创建多元融合的民族社区是实现民族和谐的基石。在这些社区中，设计和实施的公共政策和服务必须考虑到各民族的具体需求和文化背景，以确保每个社区不仅是物理上的共居，更是文化与情感上的共享。通过优化城市规划和社区服务，加强社区内的文化设施建设，如多功能的文化中心，可以举办各种文化活动，旨在促进不同民族之间的了解和交流。这种结构设计和活动策划应成为常态化的社区发展策略，从而在日常生活中无形中增强居民对多元文化的认同和尊重。

第二，利用新媒体的广泛覆盖和快速传播特点，可以有效地推广和深化社会主义核心价值观。新媒体平台如社交网络、视频分享网站及各类在线论坛，提供了一个展示多元文化和传播正面价值观的平台。通过精心制作的视频、微电影、数字故事和互动海报等形式，不仅可以展现中华民族的文化多样性，也可以强化公众对于共生共荣理念的理解和接受。例如，电影《雪域丹青》等文化作品，通过故事叙述和角色建构，展示了不同民族间的互助与和谐共处，从而使观众能够感受到共同价值理念的深刻内涵和现实意义。

第三，教育系统应与社会媒体协同，通过教育课程与社会实践相结合的方式，加强对青少年的核心价值观教育。在学校教育中，可以设计与实施以社会主义核心价值观为主题的专项课程和活动，如模拟联合国、辩论赛及社区服务项目，使学生在参与中理解和体验这些价值观。通过这种教育模式，学生不仅在理论上了解到共同发展的重要性，更在实践中体验到多元文化的丰富性和价值。

总之，深化中华民族共同价值理念的社会认同，需要通过创造性地结合传统与现代的宣传教育方式，优化社区文化环境，并利用新媒体的力量，实现价值观的广泛传播与深入人心。这一过程不仅强化了民族的共同理念，也为构建和谐社会提供了坚实的文化和情感基础。

（三）强化生活实践的关键作用

在多元化和全球化背景下，如何通过生活实践的关键作用来强化这一过程，成了一个重要的研究与实践问题。“文化认同不仅是对一个群体文化属性的认同，更深层次的，它涉及个体如何在日常生活中通过具体实践来体现和传承这些文化价值。”①

第一，实践内化的路径要求对中华文化的现代表达方式进行创新。中国式现代化不仅是经济和技术的现代化，更重要的是文化认同的现代化，即如何将传统文化与现代生活方式相融合。这一过程中，社区发挥着基础性的作用。通过社区治理的现代化，可以为居民提供更加多样化的文化活动和更加完善的公共服务，从而使居民在享受现代化成果的同时，也能感受到传统文化的魅力和价值。

第二，社会主义核心价值观的融入日常生活实践是加强文化认同的重要途径。这要求我们不仅在教育系统内部推广这些价值观，更要在社会生活的各个方面进行体现。例如，在公共场所、媒体传播、节日庆典等场合，都可以有意识地加入社会主义核心价值观的元素，使之成为人们日常对话和行为的一部分。通过这种方式，社会主义核心价值观可以逐渐转化为社会成员的自觉行为，进一步增强对中华民族共同体的归属感和自豪感。

第三，推广具体的实践活动是深化文化认同的有效手段。这可以包括志愿服务、文化交流活动、非物质文化遗产的保护与传承等多种形式。这些活动不仅有助于展示中华文化的独特性和包容性，还能激发公众特别是年轻一代的参与热情，通过实际行动来理解和认同中华文化的核心价值。

（4）加强国家认同感的建设还需要依托于科技和教育的进步。利用现代信息技术，如互联网、大数据等，可以更有效地传播中华优秀传统文化，同时也便于收集公众对于文化认同的反馈，及时调整和优化相关政策和措施。

综上所述，通过以上多维度、系统性的策略实施，可以有效地促进中华民族共同体意识的提升，构建一个和谐、团结、向上的社会氛围，这对于国家的长远发展具有深远的意义。

---

① 杨茂庆，杨乐笛. 回归身心一体：乡村儿童价值观教育的具身性转向［J］. 教育研究，2022（8）73-75.

第三章　中华民族共同体意识的推进与保障对策

第一节　高校铸牢大学生中华民族共同体意识的对策

一、高校全面提升深化实施能力

高校在全面提升深化实施能力的过程中，相较于社会其他群体所面对的分散化生活、流动性强以及差异性较大的挑战，大学生群体因拥有更多集中的时间和精力开展学习活动，且正处于接收新知识速度快、积极培育稳固思想观念和正确意识的关键阶段，因此在铸牢中华民族共同体意识方面具备显著优势。校园环境为大学生提供了诸多有利条件，使得高校在铸牢中华民族共同体意识工作中能够发挥重要作用。然而，仅仅依赖党和政府的支持是远远不够的，高校需要发挥自身的自主性，激发内生动力和活力，避免过度依赖外在因素的“输血”式、供给式推动，以提升可持续推动的能力，形成良好的铸牢生态圈。

高校拥有思政育人的丰富经验和成熟的育人体系，但新时代下，随着科学技术的迅猛发展和互联网的普及，其带来的不利影响使得当前学生意识的风险点日益复杂且难以轻易察觉。因此，高校在开展工作时需要更加全面、细致、深入。我们必须统一全校师生的思想共识，全面落实铸牢中华民族共同体意识工作的各项要求。通过开辟新的铸牢渠道，搭建新的铸牢平台，汇集整体力量，营造校园内师生团结和谐的氛围，调动广大师生的创新力和积极性。在高校内部，通过各部门的协同联动，汇聚起铸牢大学生中华民族共同体意识工作的积极向上、健康发展的合力。这种协作确保高校能够持续高效地开展铸牢大学生中华民族共同体意识的工作，为培养具有坚定中华民族共同体意识的新时代大学生贡献力量。通过这种方式，高校不仅推动了学生思想的成熟，也为社会的和谐发展培养了责任感强、认同感高的青年才俊。

（一）高校内部协同联动的整体铸牢格局

从宏观的视角审视，高校铸牢大学生中华民族共同体意识的工作能够成功推进，离不开校党委的深刻重视、全局把控与周密部署。同时，各职能部门和二级学院的协同配合与资源共享，以及基层教师的深入执行与效果反馈，均占据不可或缺的地位。只有构建高层决策统一、中层执行有力、基层落实扎实的全校联动机制，形成整体性、系统性的铸牢工作格局，方能充分发挥高校的集体优势，引领并激励校内各方积极参与。

学校党委在铸牢工作的政治建设中具有举足轻重的地位。它牢牢把握党对高校的领导权，坚持并强化党对高校的全面领导，这是铸牢工作的根本保障。“为此，专门成立了铸牢中华民族共同体一是党委领导工作小组，负责全面指导学校铸牢工作的深入开展，并强调铸牢工作的政治执行力，确保党和国家高等教育目标的顺利实现。”①

为进一步提升高校铸牢大学生中华民族共同体意识的能力，各部门间的协同合作尤为关键。学校部署的各项工作需要各职能部门和学院共同推进，这是确保学校党政工作落到实处的核心环节。各职能部门和学院应树立全局观念，以学校立德树人的根本任务为导向，加强信息交流与资源共享，确保所推出的措施既符合实际又具有可持续性。

此外，增强高校铸牢工作的内在凝聚力也至关重要。各部门应达成共识，将铸牢工作融入日常工作之中，激励教师积极参与，引导师生形成合力，共同推动中华民族共同体意识工作不断前进。通过多种形式的活动，加深教师对铸牢工作重要性的认识，并为他们提供更为广阔的参与空间，使铸牢工作成为校园文化建设的重要组成部分，确保铸牢工作的全面覆盖与深度参与。

（二）全面优化课程设置，确保课程结构与内容的完善

在人才培养的征途上，各类课程的有机结合显得尤为关键。大学生通过课程

① 范春婷，王华敏．在“纲要”课中铸牢大学生中华民族共同体意识的逻辑理路［J］．学校党建与思想教育，2020，（11）：65-68.

学习所汲取的知识，不仅是其科学理论大厦的基石，更是塑造其世界观的重要元素。这些课程，如同知识的海洋，汇聚着自然科学的深邃和人类智慧的精华。对于大学生而言，迅速把握中华民族共同体的历史发展脉络与逻辑，对于增强其民族共同体意识具有至关重要的作用。

课程设置方案和课程内容的设计，就像是人才培养的导航图，直接引导着大学生的成长路径与质量。每一门课程都承载着独特的目标与使命，它们相互交织，共同影响着学生的学习成效。因此，我们必须深刻认识到课程在培育中华民族共同体意识中的核心地位，充分发挥其教育功能。

在思政课程的规划与实施中，我们应细致入微地安排中华民族共同体的相关内容。通过明确思政课各模块的功能与职责，构建协同育人的机制，帮助学生领悟各门思政课之间的内在联系与重要性。同时，我们还应丰富思政课程的内容，使其既具有深厚的理论底蕴，又能紧密贴合学生的实际需求，避免思政课沦为空洞的形式。

此外，还应积极开发并设置铸牢中华民族共同体意识的专题课程与精品课程。这些课程作为专业知识的补充与延伸，能够为学生提供更为丰富、深入的学习资源。特别是《形势与政策》等课程，有助于学生洞察时代发展的脉搏，引导其关注前沿的时事问题。这些专题课程与精品课程的灵活性，能够激发学生的思考与研究热情。

在推动课程思政的进程中，还应注重人文与科学的融合。每一门课程都蕴含着丰富的教育价值与人文精神，我们应充分发掘课程思政的潜力，寻找课程与思政的契合点。通过多元化启发学生的思考，引导他们正确认识自然规律，弘扬爱国主义精神与工匠精神，积极投身于民族复兴的伟大征程中。

（三）创新日常思政育人模式，汇聚铸牢中华民族共同体意识的合力

高校日常思政教育，深受“生活即教育”的启迪，始终以学生为中心，深深扎根于学生的日常生活之中。它以一种无形胜有形的方式，悄然融入学生的日常学习与生活，尤其在细微之处展现出其独特的育人魅力。与课堂教育的直接传授不同，日常思政教育更侧重于将育人理念融入学生的点滴生活，使其更贴近学生实际，更易于被学生接受和内化。因此，以铸牢中华民族共同体意识为主线，创

新日常思政育人方式，不仅能育才，更能育人，实现双重目标。

日常思政教育的核心任务是立德树人，必须坚决贯彻党和国家的教育方针。在这一过程中，高校作为主阵地，发挥着不可替代的作用。然而，当前高校日常思政教育面临着复杂的环境挑战，特别是各种思潮的交织使得学生的思想意识难以统一。为此，我们需要整合校园文化实践活动、网络思政育人、正面宣传引导以及校园多元主体的和谐交往等多方面的力量，形成全方位、全领域、全过程的育人合力。

在校园实践文化活动方面，我们应注重活动的实效性和参与性，避免形式化，鼓励学生广泛参与并创新活动形式。通过开展中华民族共同体主题教育实践活动，让学生在实践中深化对中华民族共同体的理解和认同。

在网络思政方面，我们应充分利用数字校园建设的机遇，构建网络育人大平台，优化宣传策略，增强与学生的互动。同时，要高度重视网络舆情的预防与应对，确保网络空间的安全与稳定。

在校园宣传方面，我们应抓住政策宣传解读的契机，以新颖、贴近学生的方式开展宣传工作，让政策真正落地生根，深入人心。

在师生交往方面，我们应搭建多元化的交往平台，尊重学生个体差异，分类施策，加强服务育人意识。通过加强与校园后勤服务保障工作人员的联系，营造温馨和谐的校园环境，让学生在感受到家的温暖中更加热爱校园。

通过这些举措，我们能够汇聚起铸牢中华民族共同体意识的强大合力，为培养具有坚定民族自信和爱国情怀的新时代大学生奠定坚实基础。

（四）深入挖掘校园硬件设施潜力，构建生动的铸牢环境

学生初次踏入校园时，首先映入眼帘的便是校园硬件设施所营造的整体环境，这些设施包括日常必需的基础设施和独具特色的主题设施等。这些设施不仅确保了高校教育活动的顺畅进行，还蕴含着深厚的育人文化。在校园中，学生有更多的机会和时间深入体验这些设施所承载的文化内涵。因此，充分借助校园硬件设施来强化大学生中华民族共同体意识具有举足轻重的意义。

通过合理利用校园内的广阔场地和各类设施，我们可以为师生构建一个充满中华文化艺术氛围的实物式家园。在这里，各族师生可以共同感受温馨的学习氛

围，并在轻松愉快的氛围中交流互动。

然而，尽管当前各高校的校园环境整洁美观，但在育人功能的发挥上仍存在一定的不足。例如，教学设施、图书馆、食堂等模块设施的功能并未得到充分展现。此外，不同高校之间的硬件设施差异明显，一些历史悠久的高校可能因场地限制而面临设施陈旧的问题，而新建校区则往往配备先进的科技设施，这也导致了铸牢效果的差异。

为了营造一个生动有利的铸牢环境，我们首先要坚持服务师生教学的原则，科学规划并完善教学基础设施的管理和使用制度。这既需要满足课堂教学的需求，也要支持学生的自主学习。其次，学校应联合各学院的优势资源，创新性地开发和利用各类设施，共同打造具有中华民族共同体特色的文化主题区。通过统一的宣传和推广，为学生呈现一个整体性的中华民族一家亲的文化氛围。同时，我们还应加强食堂的文化内涵建设，让学生在日常用餐中感受中华美食文化的魅力，从而增进对中华文化的认同。

在铸牢中华民族共同体意识的主线指引下，我们还应增强铸牢工作的针对性和灵活性。通过分类施策、精准关注和定期跟踪评估等方式，确保铸牢工作能够精准触及每一位大学生，提高工作的实效性。此外，我们还应积极充实校园内的典范先锋力量，如学生干部、党员等，发挥他们的引领作用，为铸牢工作注入新的活力和动力。

二、党政部门切实增强思想引领带动效应

（一）省级党委领航理论学习，铸牢高校思想理论根基

铸牢大学生中华民族共同体意识，作为高校的一项核心任务，必须坚持以马克思主义理论为指导，深入贯彻党中央的决策部署。全面把握相关理论是推进这一工作的关键所在。然而，鉴于许多高校并非处于民族地区，对铸牢中华民族共同体意识工作的认识和实践相对滞后。

“党的十八大以来，党中央对铸牢中华民族共同体意识工作提出了更高的标准和更明确的要求，明确指出要以铸牢中华民族共同体意识为主线，深化民族团结进步事业。在这一背景下，高校党政领导干部作为具备坚定政治立场和深厚理

论素养的先锋队伍，必须紧跟党中央的步伐，不断深化学习理解，并积极转化为行动。”①

省级党委应发挥引领作用，组织举办系列学习活动，如理论宣讲培训班、专题研讨座谈会等，全面系统地传达党中央关于铸牢中华民族共同体意识的新思想、新观点、新要求。通过这些活动，使高校党政领导干部能够深刻领会相关理论的精髓，把握工作的本质要求，不断提高政治素养和理论水平。

通过理论武装，高校党政领导干部能够统一思想认识，增强政治自觉和行动自觉，激发工作的积极性和主动性。他们将更加自觉地肩负起铸牢中华民族共同体意识的重任，以更加饱满的热情和更加扎实的工作作风，共同推动高校铸牢中华民族共同体意识事业的深入发展。

省级党委的领航作用，不仅在于组织学习活动，更在于营造学习氛围，提供学习资源和平台，确保学习活动的深入持久开展。同时，还要加强对学习成果的跟踪评估，确保学习成果转化为工作实效，推动高校铸牢中华民族共同体意识工作不断迈上新台阶。

（二）地方党政部门倾心关注，积极引领铸牢工作稳步前行

在现行的高等教育管理体制中，政府不仅是高等教育的主要推动者和资助者，更是确保高等教育健康发展的核心引领者。众多高校作为省属单位，不仅肩负着为国家培养高素质人才的重任，更是服务地方经济社会发展的重要力量。因此，地方党政部门对高校的关注与支持显得尤为重要。

对于地方党政部门而言，教育始终被置于优先发展的战略地位。它们不仅致力于优化本地教育资源配置，推动教育事业的良性发展，更将构建科学有效的思想政治教育体系作为确保高校和谐稳定、促进民族团结进步的重要举措。在这样的背景下，铸牢大学生中华民族共同体意识工作不仅关乎高校内部的团结稳定，更是关乎地方乃至国家长治久安的重要课题。

随着全球化进程的加速和民族交流的日益频繁，地区间的人口流动也呈现出

① 吴月刚，张红．铸牢中华民族共同体意识背景下民族院校思政课程设置研究［J］．民族教育研究，2020，31（4）：41-47．

前所未有的活跃态势。许多学生在完成学业后选择留在学校所在地工作生活，成为当地社会的重要组成部分。因此，高校内部的团结互助不仅关系到学校自身的和谐稳定，更对社会治理格局的构建具有深远影响。如果地方党政部门对此缺乏足够的重视和关注，可能会导致高校在铸牢中华民族共同体意识工作上缺乏必要的动力和资源支持，进而影响到整个社会的和谐稳定。

为此，地方党政部门应在党中央的统一领导下，充分发挥自身的组织领导作用，将铸牢大学生中华民族共同体意识工作纳入全省工作的总体布局和战略规划之中。通过加强政策引导、资金投入和资源整合，为高校开展铸牢工作提供有力保障。同时，还应尊重高校的办学自主权和学术自由，鼓励高校在地方党政部门的宏观指导下，结合自身的办学特色和实际情况，创新铸牢工作的方式方法和内容形式，确保工作取得实效。

总之，地方党政部门的高度重视和积极引领是确保铸牢大学生中华民族共同体意识工作稳步前行的关键所在。只有政府、高校和社会各界共同努力、形成合力，才能推动这一工作不断取得新进展、新成效。

（三）政府统筹资源优势，打造铸牢工作示范标杆

鉴于各高校在教学基础、资源条件以及专业特色上的差异性，铸牢大学生中华民族共同体意识的工作推进势必会受到各自既有基础的影响，从而呈现出不同的成效。尤其是部分高校受限于资金和资源，往往难以深入开展相关工作，仅能满足基本任务要求。然而，我们不可忽视的是，高校所在地往往蕴藏着丰富的育人资源，这些资源若能得到科学挖掘和有效利用，将为铸牢工作提供强大的支撑。因此，政府在此过程中应扮演主导角色，积极整合社会各种资源以及各高校的优势资源，形成合力。通过主导和分类指导，政府能够确保资源得到科学、合理地配置，促进各高校铸牢中华民族共同体意识工作的有效实施。同时，建立政府、学校和社会多元育人的合作模式，不仅能够推动校地资源共享和联动发展，还能为高校开展相关工作提供强大的动力支持。

在推进铸牢工作的过程中，我们还应认识到，尽管这项工作具有普遍性特征，但各高校因其实际情况不同，也会面临不同的挑战和问题。因此，创新是推动工作深入发展的关键。政府应高度重视高校的示范引领作用，选择一批基础条

件扎实、有潜力的高校进行先行先试，协助其打造成为铸牢中华民族共同体意识的示范学校。这些学校应在明确目标和方向的基础上，找准特色亮点，积累丰富经验，为其他高校提供可借鉴的范例。

同时，政府应关注铸牢工作的实效性，确保示范学校的建设质量。这些学校不仅应在校内发挥引领作用，还应通过校际交流、经验分享等方式，将好的做法和经验推广到其他高校，从而推动整个高等教育系统在铸牢大学生中华民族共同体意识工作上取得更大的进展。

总之，政府通过统筹资源优势、打造铸牢工作示范标杆，能够有力推动各高校在铸牢大学生中华民族共同体意识工作上取得新的突破和进展。这不仅有助于提升高校的教育质量和社会影响力，更有助于培养出一批批具有坚定中华民族共同体意识的优秀人才，为国家的长治久安和民族团结进步事业作出积极贡献。

三、学生积极主动把握求变意识

（一）精心规划大学生涯，全面培养中华民族共同体意识

在大学这一关键的人生阶段，培养和强化中华民族共同体意识是一项长期且系统的任务，它贯穿于整个大学生涯的始终。高等教育的自主性特点赋予了大学生更多的选择与规划空间，然而，单纯地专注于课堂知识学习或过度偏向实践活动都无法全面、深入地掌握中华民族共同体的丰富内涵。因此，大学生应当深思熟虑，科学规划自己的学习任务和实践活动，力求在学业与实践、知识与能力之间找到最佳平衡点。一方面，要扎实学习课堂专业知识，构建扎实的学术基础；另一方面，也要广泛参与校园文化活动，通过亲身体验和感悟，深化对中华民族共同体和中国梦的理解与认同。

在规划大学生涯时，大学生还应注重平衡学业与生活的关系，确保在紧张的学习之余，能够充分参与各种丰富多彩的文化活动，拓宽视野，增长见识。通过参与这些活动，大学生可以更加深入地了解党和国家的大政方针，增强对中华民族共同体的认同感和归属感，形成正确的世界观、人生观和价值观。

在不断地学习和实践中，大学生应坚定政治信仰，培育政治意识，树立政治思维，强化政治认同。他们应将个人的梦想与国家的梦想紧密结合起来，将个人

的发展融入国家的发展大局之中，以实际行动践行中华民族共同体意识。

综上所述，通过精心规划大学生涯，大学生可以全面、系统地培养中华民族共同体意识，将个人的成长与国家的进步紧密相连，为实现中华民族的伟大复兴贡献自己的力量。

（二）掌握人际交往艺术，在同伴互助中拓宽视野

校园师生共同体与中华民族共同体的构建，都离不开个体间良好的人际交往。铸牢中华民族共同体意识，正是在这些交往与互助中逐渐深化对彼此的理解和认同。对于许多初入校园的大学生而言，离开熟悉的家庭环境，建立新的师生、同学乃至社会关系是一项挑战。特别是在宿舍生活中，不同地域和民族背景的舍友所带来的文化差异，若处理不当，可能会引发矛盾与误解。面对这些挑战，大学生应主动掌握人际交往的艺术，增强自信，培养团结合作的意识。每个同学都有自己的独特优势，不同民族的学生在各自领域里往往有着出色的表现。通过积极发挥个人优势，加强与同学间的合作与交流，不仅可以实现个人与集体的共同成长，还能在相互学习中拓宽视野，增进对多元文化的理解。

跨学科的学生之间更应加强交流与合作，共同探讨学术问题，分享学习心得。在面对困难时，相互支持与帮助，不仅能够解决问题，还能增进彼此之间的友谊与信任。这种互助合作的精神，正是构建校园共同体和谐关系的重要基石。同时，大学生也应敢于主动与教师交流沟通。教师不仅是知识的传播者，更是人生导师。通过与教师的交流，学生可以拓宽知识面，学会理性辩证地看待问题，提升自我认知能力。在与教师的互动中，学生不仅能够获得学术上的指导，还能在思想上得到启迪，更加客观地认识并高度认同中华民族共同体。通过微观层面上各民族学生之间的相互认同与理解，大学生可以逐步拓展自身的认知意识，增强对中华民族共同体的认同感。这种认同感不仅有助于个人成长与发展，更能为构建和谐的校园共同体和中华民族共同体贡献力量。因此，大学生应珍视校园生活中的每一次交往机会，掌握人际交往的艺术，在同伴互助中拓宽视野、增长见识。通过不断地交流与合作，共同铸牢中华民族共同体意识，为实现中华民族的伟大复兴贡献青春力量。

（三）家庭、学校和社会共同努力，坚定中华民族共同体意识

大学生在校园生活中，虽然渴望展现独立，但面对复杂多变的外界环境和海量信息的冲击，他们往往难以独自应对，容易在信念上产生动摇。特别是在这个成长的关键阶段，他们的意识尚未完全成熟，对家庭的依赖与信任成为他们寻找支持与安全感的重要源泉。因此，家庭对于大学生坚定中华民族共同体意识的作用不容忽视。

父母作为大学生成长过程中的重要角色，其认同与支持对大学生形成稳定的价值观和坚定的信念至关重要。通过与父母的紧密联系，大学生不仅可以获得情感上的支持，还能在思想上得到正确的引导。父母的经验和智慧能够为学生提供辨别是非、处理复杂问题的能力，帮助他们在纷繁复杂的信息世界中保持清醒的头脑和正确的判断。同时，家庭作为大学生成长的第一课堂，其教育方式和家庭氛围对于培养学生的中华民族共同体意识具有深远的影响。一个充满爱与和谐的家庭环境，能够让学生更加自信、乐观地面对生活中的挑战，从而更加坚定地认同和拥护中华民族共同体。因此，大学生应积极主动与父母保持紧密联系，充分利用家庭资源，强化家庭纽带。通过日常的沟通与交流，让父母了解自己的思想动态和成长困惑，寻求他们的理解和支持。同时，也要虚心接受父母的建议和教诲，不断完善自我，提升自我。

学校和社会也应充分认识到家庭在培养学生中华民族共同体意识中的重要作用，加强与家庭的合作与沟通。通过定期举办家长会、开展家庭教育指导等方式，帮助家长更好地理解和支持学生的成长，共同为培养具有坚定中华民族共同体意识的大学生贡献力量。

只有家庭、学校和社会共同努力，才能培养出更多具有强烈国家认同感和民族自豪感的优秀青年，为实现中华民族伟大复兴的中国梦贡献青春力量。

四、全社会积极营造中华民族共同体正能量环境

（一）媒体深入一线，积极传播，营造铸牢中华民族共同体意识的和谐氛围

中华民族共同体是由五十六个民族紧密团结在一起形成的命运共同体，共同

创造了悠久灿烂的中华文明。然而，对于身处校园的大学生而言，由于时间和精力的限制，他们往往难以通过亲身经历全面了解和感受中华民族共同体的深刻内涵。因此，社会新闻媒体在传播和宣传中华民族共同体意识方面扮演着举足轻重的角色。

新闻媒体应深入一线，挖掘并宣传中华民族共同体的丰富内涵和深厚底蕴。可以开设专栏，特别关注与青年生活息息相关的内容，通过生动有趣的科普作品，讲述中华民族共同体多姿多彩的故事，展现各民族之间的交融互动和共同进步。同时，大力宣传各民族中的杰出榜样，用他们的奋斗精神和卓越成就激励大学生们积极向上，为实现中华民族伟大复兴的中国梦贡献青春力量。

此外，新闻媒体还应积极传播社会正能量，弘扬社会主义核心价值观。通过接地气的新闻报道，让大学生们更加真实、直观地感受到社会的温暖和进步，从而增强他们的社会责任感和使命感。在宣传过程中，注重引导大学生们以积极、健康的心态面对生活中的挑战和困难，鼓励他们在践行社会主义核心价值观的过程中不断成长、不断进步。

总之，新闻媒体作为社会舆论的引导者和传播者，在营造铸牢中华民族共同体意识的和谐氛围方面发挥着不可替代的作用。通过深入一线地挖掘宣传、积极传播社会正能量以及弘扬社会主义核心价值观等措施，新闻媒体可以为大学生们提供一个更加全面、深刻地认识中华民族共同体的平台，从而帮助他们更好地坚定理想信念、成长为国家栋梁之材。

（二）凝聚多方力量，共同构建铸牢中华民族共同体意识的多元育人资源阵线

高校作为培养大学生中华民族共同体意识的重要阵地，尽管在资源和场地方面存在一定的局限性，但随着社会交往的日益密切和共建共治共享社会治理格局的推进，我们拥有了更多可利用的基础条件和资源。为了更有效地铸牢大学生的中华民族共同体意识，我们必须凝聚政府、企业、社区等多方力量，共同构建多元育人资源阵线。

一方面，要充分利用乡村振兴战略的契机，引导大学生深入参与民族村的走访调研和实践活动。以往，由于资源有限，高校暑期社会实践的参与人数往往受

限，无法覆盖所有学生。但现在，随着民族村的发展和开放，更多的大学生有机会亲身体验不同民族的文化和生活，从而拓宽视野、增长见识。通过这些实践活动，大学生能够更加深入地了解中华民族的多样性和统一性，增强对中华民族共同体的认同感和归属感。

另一方面，要积极发挥数字经济在育人资源构建中的重要作用。通过校企合作平台，企业和各类社会机构可以为高校提供丰富的实践机会和教学资源。这不仅可以帮助学生更好地了解社会、认识职业，还可以为他们提供更多的创新和尝试的空间。同时，数字经济的发展也推动了铸牢工作的信息化和智能化发展，使得育人资源更加便捷、高效地得到利用。

在这个过程中，我们要注重合作共赢的理念。政府、企业、高校、社区等各方要形成合力，共同推动育人资源阵线的建设。通过共享资源、互通有无，我们可以实现资源的最大化利用，提高育人工作的效率和质量。同时，这种合作共赢的模式也展现了中华民族共同体内部的高度统一性和强大的团结力量，为大学生树立了良好的示范。

总之，构建铸牢中华民族共同体意识的多元育人资源阵线是一项系统工程，需要政府、企业、高校、社区等多方共同参与和努力。通过凝聚多方力量、整合优势资源、创新育人模式，我们可以为大学生提供更加全面、深入的教育和培养，帮助他们更好地认识和理解中华民族共同体，为实现中华民族伟大复兴的中国梦贡献青春力量。

第二节　互嵌式社区铸牢中华民族共同体意识的进路

一、推动空间交融，深化民族互嵌

“空间交融，作为不同民族在地理空间上相互融合、联系和耦合的过程，对于构建民族互嵌式社区具有至关重要的意义。在这一过程中，共同的生活空间不仅促进了族际交往的频繁发生，更成为这种交往得以深化和拓展的重要媒介。”①因此，积极推动空间交融，打破地域壁垒，是深化民族互嵌、促进民族团结的必由之路。

构建民族互嵌式社区面临着多方面的挑战。其中，如何让各族群迅速融入社区生活，充分表达个人的价值观念，是一个亟待解决的问题。同时，营造多元文化氛围，形成对中华民族的文化认同和身份认知，也是构建民族互嵌式社区的重要目标。这些目标的实现，都离不开空间交融的深入推进。

（一）构建社区文化交流桥梁

在城市社区中，来自不同文化背景的人们聚居一堂，尤其是随着少数民族人口的逐渐增多，各民族的传统文化面临着前所未有的挑战，甚至存在逐渐消失的风险。因此，社区肩负着传承和弘扬民族优秀传统文化的重任，这不仅是社区义不容辞的使命，更是推动民族间相互融合、共同发展的必由之路。

为了有效应对这一挑战，城市社区应深入挖掘并充分利用地方资源，结合居民的文化特色和认知水平，打造一个集文化宣传、互动交流、学习培训等多功能于一体的文化交流中心。这个中心不仅是一个空间载体，更是文化的汇聚地，通过精心布置各种场景，将中华民族悠久的历史和深厚的价值理念融入其中，使居民在亲身参与文化活动中深刻体验并领悟各民族文化的精髓。

通过这一文化交流平台的搭建，居民们可以更加便捷地进行文化交流和分享，实现文化的相互借鉴和融合。这将有助于构建一个团结、和谐、共荣的社区共同体，让居民们在这个大家庭中共同生活、学习、工作、娱乐，共同书写属于他们的美好篇章。

（二）深化虚拟空间构建

随着信息技术的迅猛发展，网络交流已成为现代人生活中不可或缺的一部分，特别是对于那些时间有限或倾向于线上社交的群体来说，线上交流更是成为

---

① 郝亚明. 民族互嵌与民族交往交流交融的内在逻辑［J］. 中南民族大学学报（人文社会科学版），2019，39（03）：8-12.

他们主要的社交方式。因此，在构建民族互嵌式社区的过程中，我们不仅要注重线下公共空间的营造，更要加强对虚拟空间的打造，以此在心理和情感层面促进不同民族之间的深度交融。

在推进社区空间建设的进程中，我们应当充分利用现代信息技术的优势，打造多样化的网络交流平台。这包括但不限于利用微信群、QQ 群、钉钉等在线交流工具，根据社区居民的兴趣爱好和需求，建立各具特色的线上社区。通过这些平台，我们可以打破地理空间的限制，让居住在不同楼栋、不同区域的居民都能够轻松参与交流，实现更大范围的互动与沟通。

同时，虚拟空间的建设还能够为那些在日常生活中较少有机会参与线下活动的居民提供交流的平台，使他们能够更加便捷地表达自己的观点和情感，增强对社区的归属感和认同感。通过线上线下的有机结合，我们能够全面促进各民族社区居民之间的交流，推动民族互嵌式社区的深入发展。

（三）构筑共享文化地标

社会秩序的塑造往往通过文化景观得以彰显，而构建民族互嵌式社区共同体，则离不开打造各民族居民共同拥有的标志性景观。构筑这样的共享文化地标，我们需悉心把握景观建设的整体氛围，注重空间主体文化间的和谐共融，以及心理与情感的深度契合。通过赋予共享景观丰富的文化内涵，将文化符号巧妙地融入景观布局之中，我们不仅能够充分展示和传承文化，更能通过潜移默化的方式影响居民的情感形成，实现民族文化与空间环境的良性互动。

此外，在构筑共享文化地标时，我们应遵循整洁、卫生、美观的基本原则，确保符号设计与自然景观的和谐相融。在尊重各民族平等的基础上，我们致力于激发社区居民形成共同的价值观和凝聚力，使这些地标成为社区团结与和谐的象征。通过这样的努力，我们期望能够构建一个充满文化气息、和谐共处的民族互嵌式社区。

二、深化文化浸润，加强精神互嵌

文化，作为中华民族共同体意识的根基，承载着丰富的思想观念、时代烙印和历史记忆。作为一种意识形态，文化需通过特定的媒介和载体，才能为人们所感知、领悟并内化于心，进而在行动中得以展现。文化的滋养，便是通过深入人心的教育和传播，以受众乐于接受的方式，借助多样化的平台和载体，使中华民族共同体意识在人们的内心深处生根发芽。

通过文化的塑造和教育，我们致力于引导各民族同胞树立正确的国家观、民族观、历史观、文化观，加深彼此之间的了解、尊重和认同。我们期望通过文化的力量，让各民族同胞在共同的文化熏陶下，心灵得到交融，情感得到升华，共同构筑起中华民族的精神家园。

在这一过程中，我们注重以人们喜闻乐见的方式，运用现代科技手段和创新方法，让文化的传播更加生动、有趣和易于接受。同时，我们也重视发挥各类文化平台和载体的作用，如博物馆、图书馆、文化活动中心等，为人们提供丰富多样的文化体验和学习机会。

通过深化文化滋养，我们期望能够进一步加强各民族同胞之间的精神交融，增进彼此之间的团结和友爱，共同为中华民族的伟大复兴贡献智慧和力量。

（一）增强社区国家通用语言文字的普及程度

语言是文化发展的结晶，每一个词语都承载着深厚的民族情感和文化底蕴，使语言与民族文化紧密相连。在构建民族互嵌式社区的过程中，掌握国家通用语言文字对于各民族居民而言，不仅是日常交往与学习的基石，更是促进心灵交融、深化理解的关键。

为此，城市社区应开展详细的调查，了解社区内国家通用语言文字的使用现状与学习需求。在此基础上，我们可以积极联合周边的教育机构，如大中专院校，定期开设语言文字学习班与培训班。通过线上线下的多元教学方式，我们致力于提升居民的国家通用语言文字能力，同时将其与职业技能培训相结合，消除沟通壁垒，促进不同民族间的和谐交流。

此外，我们也应鼓励并引导社区居民学习少数民族语言文字，特别是社区工作人员，以此减少族际间的隔阂，拉近彼此的距离。通过构建一个相互尊重、理解、包容的学习环境，我们期望能够打造一个语言互通、文化交融的社区氛围，进一步提升各民族之间的文化交流能力，共同书写社区和谐发展的新篇章。

（二）构建各民族共同精神价值的桥梁

文化的认同是民族认同的基石，只有在社区文化达到高度一致时，身份的重塑与邻里间的互动才能有效减少族际间的偏见。“人类历史的发展始终紧密相连，形成了一种独特的‘世界性联系’。因此，推动各民族在交流交融中共同塑造精神价值，是构建民族互嵌式社区的文化基石。”①

这些共同的精神价值，不仅为社区建设提供了深厚的文化底蕴，更是激发各民族群众文化自信与自觉的关键。只有当他们自觉坚定地拥护本民族文化，进而将文化自信升华为文化自觉，才能更加深入地认同中华文化，从而铸牢中华民族共同体意识。

在此过程中，社区应充分尊重各民族传统习俗的多样性，确保各民族文化的活力与多元性得以保持。同时，我们还应努力推动各民族文化的创造性转化与创新性发展，确保在和谐健康的社区氛围中，各民族文化得以传承与弘扬。

此外，社区应积极寻求与高校、机关单位、社会组织等的合作，共同举办具有浓厚民族特色、体现时代精神的文化活动。这些活动不仅能够加深各民族群众之间的相互了解，更能在交流互鉴中共同推动中华文化的繁荣与进步。

利用各民族交错杂居的自然优势，我们应积极引导各民族居民将民族精神与时代精神相结合，形成以爱国主义为核心的中华民族精神。通过这种方式，我们能够确保民族认同与国家认同的一致性，从而树立起“中华民族一家亲”的坚定理念。

（三）推进社区建设，实现多元文化交融

为了传承和弘扬各民族的优秀传统文化，我们需要构建一个充满平等、尊重与开放包容的文化氛围的社区。这样的氛围不仅要求我们能够接纳来自不同地域、群体和民族的丰富文化遗产，更要求我们通过举办诸如民族故事分享会、民族特色菜肴烹饪比赛、民族传统服饰展览以及民族文化才艺展示等活动，来深化各民族间的相互了解，进一步推动文化的交流与融合。同时，社区应聚焦于各民

① 马戎. 民族社会学：社会学的族群关系研究［M］，北京：北京大学出版社，2004：399-404.

族居民的共享利益，确立普遍认可的道德规范和行为评价标准，鼓励不同民族群体在平等与尊重的基础上积极参与社区的各项活动，共同维护社区的公共秩序。我们期望社区能够逐步从个体的简单聚集，转变为一个“共居、共学、共事、共乐”的和谐共同体，这样不仅能增进各民族间的精神沟通与文化交融，更能加强居民的思想政治教育，从而在精神层面实现各民族居民的深度融合。

三、加强经济融合，夯实物质基础

“在当前的社会环境下，物质生活的生产方式对社会结构、政治生态和文化观念产生了重大影响，而经济利益通常是人们行动的主要驱动力，这些利益的纽带构成了社会互动的基础。”① 特别是在市场经济体制愈发普及的当代，合理追求和实现利益最大化已然成为社会发展的主要动力。在这样的大背景下，经济因素越来越成为影响民族融合社会结构的重要因素。因此，在我们致力于构建民族互嵌式社区和强化中华民族共同体意识的进程中，必须充分认识到经济基础的决定性作用。为了达到这一目标，必须进一步加强社区居民间的经济联系，更精确地满足他们的物质需求，这不仅有助于在社区内部形成更稳固的经济联系，而且可以为共同体意识的培养提供坚实的物质基础。通过这些努力，我们旨在建立一个在经济上深度融合、在精神文化上高度统一的社区，以进一步巩固和强化中华民族的共同体意识。

（一）推动社区经济协同进步

社区集体经济，作为社区全体成员共同拥有的经济形式，是实现中华民族共同体繁荣发展的核心基石。为了促进各民族的共同进步，我们必须采取多元化策略以推动经济的迅速增长。城市社区应当积极拓展自身的集体经济规模，通过房屋出租、农贸市场运营以及个体经济的多元化发展，有效提高居民的经济收入。同时，社区还应积累资本，充分利用其资源和产业基础，发展与居民需求紧密相连的产业体系。借助数字化技术的力量，我们可以与政府、社会组织及企业单位

① 中共中央马克思恩格斯列宁斯大林著作编译局. 马克思恩格斯选集（第二卷）[M]，北京：人民出版社，1995：32.

展开深度合作，共同打造数字化平台，将原本零散、规模小、风险抵御能力弱的经济活动进行有效整合。通过构建涵盖医疗、教育、政务、养老、家政等领域的智能生态圈，为互融式社区提供坚实的资金支持，并满足居民日益多样化的需求。这一系列举措不仅能够增强各民族居民对社区的认同感和满意度，更能推动形成和谐、共建、共治、共享的社区治理新格局。

（二）强化就业与创业技能培训服务

“尽管在就业市场中，劳动者的民族身份逐渐被淡化，但就业过程本身却是重塑和强化民族身份认同的重要环节。”[①] 经济矛盾和文化冲突的交织，可能会加剧民族身份的凸显，从而使问题愈发复杂。此外，由于语言、教育背景和职业技能的限制，外来流动人员的就业和创业模式往往显得单一、同质化且水平不高。许多少数民族劳动者主要集中在劳动密集型行业和服务业，如经营拉面馆等，这导致他们的社会地位和收入相对较低。由此产生的“被剥离感”和“不平衡感”源于快速发展的渴望与自身能力的不足，这种情况可能影响各民族居民之间的交往和交流，进而形成社区隔阂。

为了应对这些问题，城市社区应积极与当地高校、社会组织及教育机构合作，为各民族居民量身定制发展导向的培训服务。同时，我们还应创造有利条件，鼓励并支持那些面临就业困难或渴望自我提升的居民掌握高级职业技能，积极参与职业教育培训，从而提升收入水平，拓宽收入来源，更好地融入城市生活。此外，城市社区在重视线下培训的同时，也应利用“互联网+社区培训”的模式，打破地域和时间的束缚，有效激发社区居民学习职业技能的热情，共同推动各民族居民走向富裕。

（三）发展综合性的就业创业扶助方案

在少数民族获得就业机会后，他们与当地主体的互动也会增加。受到教育水平和认知结构等因素的影响，许多少数民族流动人口往往只能从事劳动密集型产业，尽管也有一些人凭借民族文化优势开展民族特色产业，但他们面临着市场风

① 张少春. 互嵌式社会与民族团结：人类学的视角［J］. 北京：社会科学文献出版社，2018：52.

险和收益不稳定的挑战。因此，城市社区可以与志愿者组织合作，共同制定综合性的就业创业扶助计划，以帮助收入不高、创业困难、失业等群体，提高他们的经济收入和可持续发展能力。这种计划可以包括提供公益性岗位和互助服务，为各民族居民提供交流互动的空间，同时为待业群体提供生计机会。志愿者组织还可以提供残疾人就业服务、免费体检、就业咨询、职业培训等服务，以促进各民族群众之间的利益互相关联。另外，社区还可以鼓励居民通过购买存货方式来支持创业者，同时与房东协商减免租金，以缓解创业者的压力。

四、完善社会保障，实现服务

（一）加强基层党组织的引导作用

中国共产党的领导地位不仅构成了中国特色社会主义的核心特质，也是推进民族工作和巩固中华民族共同体意识的关键政治保障。在这种背景下，明确党在构建互嵌式社区中的领导角色至关重要，这有助于统一思想和确保社区党建工作与社区治理能够同步进行，同时也使社区党组织能够以发展的视角及时把握并利用时代发展的机遇。社区党组织应当坚定政治立场，严格贯彻执行党的政策和制度，确保其行动和决策与党中央的思想理念保持一致，从而使社区的发展方向与国家的政治要求相符合。通过坚持党建的引导，社区建设可以更好地统筹考虑全局利益，准确地向社区群众传达党和国家的方针政策，不仅营造出良好的社区氛围，还能极大地提升社区的整体利益，实现社区治理的最佳效果。此外，社区党组织还需扮演行政统筹网络和实际管理单元的角色，打破传统社区治理的局限，充分发挥其在提高社区治理效率和确保组织领导地位方面的作用。

（二）构建和谐多元文化的城市社区共同体

在现代城市的社区中，构建一个和谐的多元文化共同体成为一项重要的社会任务。这些社区中包含大量的少数民族流动人口，他们在适应城市生活的过程中经常面临就业、医疗、教育、文化和生活方面的重大挑战，这些挑战加剧了社会发展的不平衡与不充分。为了克服这些挑战并促进社区成员的共同发展，有必要制定并实施全面的社会保障机制，确保所有民族成员都能在平等的基础上享受到公共服务。

通过持续地增进民生福祉并确保发展成果的公平分配，可以加强各民族之间的共融，进而铸牢中华民族共同体意识。此外，完善和均等化公共服务不仅是提升社区生活质量的关键，也是构建互融式社区的核心。通过共同的努力，我们可以打破发展的不平衡，解决少数民族流动人口面临的具体问题，进而构建一个在经济、文化和社会福利上均衡发展的社区，确保每个社区成员都能感受到归属感和满足感，从而实现一个稳定和谐的多元文化社区共同体。

（三）针对流动人口的服务优化与社会融合策略

在现代城市社区中，面对持续增长的流动人口和他们日益多样化的需求，优化公共服务体系显得尤为重要。流动人口，尤其是受教育程度、经济状况和社会保障水平有限的少数民族群体，常常面临多重挑战，如难以融入城市生活和孩子入学困难等问题。这些挑战不仅影响他们的生活质量，也影响到整个社区的和谐与发展。

为了应对这些问题，城市社区需要建立一个前瞻性且创新的公共服务体系，以居民的实际需求为核心，特别是针对少数民族流动人口的特殊需求，提供精准的服务和支持。通过建立居民需求反馈机制，社区能够及时了解并响应居民的个性化需求，尤其是在教育、住房、法律支持等关键领域，与社会和政府机构合作，实现需求导向的服务提供。

此外，引入第三方专业服务机构来为居民提供高质量的生活服务也是提升服务效率和满意度的有效方式。这些措施不仅有助于解决流动人口面临的具体问题，还能促进社会公共服务的均等化，使所有民族居民都能更好地融入社区生活，共同促进社区的稳定与发展。这样的社区构建策略不仅响应了居民的基本需求，还推动了社区与居民发展本性的真正融合，从而提升了整个社区的幸福感和满意度。

五、强化心理归依，凝聚社区认同

（一）激发多元民族居民积极参与的社区建设策略

在多元化的城市社区环境中，吸引和促进各民族居民积极参与社区建设是形成社区凝聚力和推动社区发展的关键。社区不仅需要打破居民之间的心理隔阂，更要通过实际行动让社会边缘群体重新融入社会结构之中①。这一过程包括拓宽居民参与社区治理的渠道，增设民意表达的途径，并组织激励居民，尤其是社区中的精英和有影响力的居民，积极献计献策，参与到社区的规划和设计中，从而增强他们的责任感和获得感。

此外，社区建设活动往往吸引中老年人参与，而年轻人的参与相对较少。观察到在诸如新冠疫情这样的重大公共事件中，青年人展现出的积极性表明，他们具备参与社区建设的巨大潜力。因此，社区应当创造条件和机制，鼓励更多青年人加入居委会和其他社区组织中来，充分发挥他们的活力和创新能力，从而提高社区治理的效能，使社区成为一个充满活力、能够满足所有民族居民需求的和谐共同体。这种全民参与的模式不仅能够增强社区的向心力和凝聚力，还能够构建超越民族的更广泛的归属感和认同感。

（二）通过真诚交流强化民族团结与共同体意识的构建

构建民族团结的关键在于赢得人民的心。人心虽难以捉摸，却能在社会上产生极大的影响。当各族人民的心灵相通，情感相融，且有共同的志向时，就能形成强大的集体力量。因此，对于城市社区来说，真诚的交流是铸牢中华民族共同体意识和构建互融式社区的重要途径。社区应当积极协助居民建立健康的交往观念，消除族际偏见与歧视，促进居民之间的真诚相待，逐步形成新型的城市社区民族关系。

此外，社区还需要积极发掘和宣传民族交流的积极典范，通过引导和激励居民在日常交往中互帮互助、相互尊重、彼此包容，并在这一过程中共同成长。同时，社区还应与社会组织、高校、政府部门等合作，共同推动关于中华民族共同体意识的教育活动。这样的努力将培养出正确的社交观念，使各民族居民能在平等的基础上积极与其他民族交流，从而增强彼此的情感认同和信任，深化城市社区的心理和情感融合，最终促进社区的和谐与发展。

---

① 郝亚明. 民族互嵌式社会结构：现实背景、理论内涵及实践路径分析［J］. 西南民族大学学报（人文社会科学版），2015，36（03）：22-28.

（三）建设心理空间秩序以增强社区团结与认同感

“在构建和谐社区环境中，建设心理空间秩序扮演着关键角色，旨在通过规范居民行为、培养高尚的品德，以及倡导整体的和谐，从而增强社区的凝聚力和认同感。”① 现代社会的共同体建设应基于促进居民安居乐业并发扬个人生命价值的心态秩序。因此，建立一套有效的心理空间秩序，引导居民行为，是实现中华民族共同体意识的重要途径。

依据心理学家斯金纳的强化理论，通过正向强化，我们可以激励居民重复期望的行为。城市社区可以通过树立榜样，发掘并宣传典型案例，为社区内表现出色的个人、家庭和单位提供精神或物质奖励，以此宣扬民族团结的政策、思想和价值观。这种做法不仅引导居民形成对中华民族共同体的正向认同感，还激励他们积极参与社区建设。

同时，社区应制定相应的制度体系，鼓励各民族居民参与监督，及时劝阻和引导那些偏离正常秩序的行为，遏制任何可能破坏社区团结的不和谐言论和观点。通过这些措施，可以营造一个积极向上、和谐友爱的社区氛围，树立良好的社会价值观和道德秩序，为建设一个团结一致的社区共同体打下坚实基础。

第三节　大数据赋能铸牢中华民族共同体意识的路径

一、辩证思维下的大数据与中华民族共同体意识的互动关系

在信息技术日益发展的当下，大数据思维已成为该时代的显著特征。它不仅重塑了信息处理的方式，也深刻影响了社会发展和文化认同的构建。根据马克思主义的辩证法和认识论，全面而深入地理解大数据思维与中华民族共同体意识之间的复杂关系，对当前社会具有重要的现实意义。这种理解应建立在充分把握网

① 胡平，韩宜霖. 心理空间视阈下中华民族共同体意识培育路径初探［J］. 贵州民族研究，2020，41（06）：150-154.

络社会内在本质及其发展动力的基础上。

大数据思维，作为信息技术时代的一种重要思维模式，对中华民族共同体意识的塑造和发展起到了不可忽视的作用。“从辩证的角度来看，我们不仅需要认识到大数据思维在促进信息化和智能化进程中带来的种种机遇，也应警觉其发展过程中可能带来的风险和挑战。”① 同时，中华民族共同体意识的形成和发展是一个涵盖历史深度的过程，这要求我们在大数据的引领下，既要继承中华民族丰富的文化传统，又要在此基础上进行创新，以实现对民族共同体意识的深刻理解和其持续发展。

因此，坚持辩证思维来深入探索大数据思维与中华民族共同体意识之间的互动关系，将有助于我们更准确地把握时代发展的脉络，并推动民族共同体意识在大数据时代的进一步深化和壮大。这种理解和应用不仅为中华民族的文化传承和创新提供了新的视角，也为社会的和谐发展开辟了新的途径。

（一）虚拟与现实：大数据对中华民族共同体意识的影响

网络空间中的信息传播有别于现实世界，但根源于现实世界，是现实世界在网络空间的间接再现，最终都统一于物质世界。大数据作为虚拟和现实和谐统一的必要条件，构建了一个虚拟的网络空间，其中一部分映射了现实世界的物理实体，另一部分则反映了现实世界的主体意识。网络空间虽然是虚拟的，但使用网络空间的主体却是真实存在于现实中的，虚拟与现实世界的融合体现了大数据时代的特点。虚拟空间对于不同民族在现实中的价值观念会产生真实的影响，这反映了大数据技术背后意识形态的对立统一性。大数据赋能新时代，铸牢中华民族共同体意识，扩大其正向影响，减少负面影响，符合时代需求与价值基础。大数据思维的运用可以增强中华民族共同体意识的凝聚力，依托数据载体传播凝聚民族共识的信息，从而实现虚拟与现实的和谐统一。

（二）大数据技术在国家安全与社会稳定中的作用

在信息时代，社会安全与发展越来越依赖于大数据技术的支持。作为新一代

---

① 刘政，郑易平．大数据赋能：新时代铸牢中华民族共同体意识的技术路径［J］．中南民族大学学报（人文社会科学版），2023，43（08）：28-33+182.

信息技术创新的核心，大数据技术的持续进步在维护国家总体安全和社会稳定方面扮演着至关重要的角色。随着世界经历百年未有之大变局，国际社会思潮复杂多变，这要求我们不断发展大数据技术，以增强中华民族共同体意识的凝聚力，这对于国家意识形态安全具有深远的影响。

加强信息技术的研发和应用，推动大数据技术的广泛使用，不仅对经济发展和科技创新具有重大意义，同时也对国家意识形态的凝聚力和安全起到了积极作用。在当前的环境下，公众对网络的依赖日益增强，大数据技术通过网络平台传递和处理各种信息，能够有效地将信息中的价值观与国家主流意识形态相融合。这种技术的深度应用不仅有助于铸牢中华民族共同体意识，还为国家的安全与发展提供了重要的技术支撑，从而在维护国家意识形态安全和推动社会稳定方面发挥着不可或缺的作用。

二、创新思维下的大数据技术对中华民族共同体意识的铸牢

坚持创新思维，充分认识到大数据技术对于铸牢中华民族共同体意识的实际意义，是当前的迫切需求。通过积极探索运用新的机制和手段，可以预防和化解意识形态领域面临的新风险，推动大数据技术在铸牢中华民族共同体意识方面的应用。

在当今信息时代，创新思维的重要性愈发凸显。了解大数据技术对于铸牢中华民族共同体意识的实际作用，需要不断地拓展思路，寻找新的解决方案。通过引入新的机制和手段，可以更好地应对意识形态领域的挑战，确保中华民族共同体意识的稳固。这种创新思维的应用不仅可以帮助预防和解决新的风险，还能够促进大数据技术在铸牢中华民族共同体意识方面的发展。通过积极推动相关工作，我们可以更好地利用大数据技术的优势，为中华民族的共同体意识提供更加稳固和持久的支撑。

（一）大数据技术在强化中华民族共同体意识中的作用与应用

大数据技术在今天的信息时代起着至关重要的作用，尤其是在促进虚拟社会与现实社会的融合方面。这种技术不仅关乎国家的总体安全与社会稳定，而且对意识形态的现代化治理体系和治理能力的提升也至关重要。通过大数据的赋能，

可以有效地运用建模和数据分析等技术手段，在信息传播过程中增强国家主流文化价值观的引导作用。此外，大数据技术还能及时处理和纠正偏离社会主义主流价值观的信息，引导信息传播向着中国特色社会主义先进文化理念方向正向发展。

大数据的实际应用确保了信息与文化的交流在维护国家安全和社会稳定中的重要性得到充分体现，尤其是在意识形态的现代化治理中。通过精确的数据分析，大数据不仅强化了国家主流文化价值观在信息传播中的主导地位，还促进了中华民族共同体意识的深入人心。这种技术的深度整合和应用，有助于社会稳定和民族共同体意识的增强，从而为国家的持续发展和实现长期目标提供了坚实的技术和文化支撑。

（二）构建大数据赋能体系以增强国家治理效能

大数据赋能体系的建立是通过技术手段实现的关键进程，涉及互联网平台和相关企业的合作，目的是构建一个共建、共享、共治的数据环境。这一体系的完善旨在提高数据处理的质量和效率，从而为新时代政府职能的发挥提供创新的技术支持。大数据赋能体系允许不同机构和主体之间建立共享数据资源的关系，即便在数据资源分散管理的背景下，也能通过优化大数据运行机制实现数据的有效共享。这不仅极大地提升了涉及民族领域的重要和敏感信息的收集与处理效率，也及时维护了网络空间的意识形态安全。

此外，基于大数据合约，体系还能自动化处理数据收集、共享和使用等关键环节，为意识形态领域的网络信息传播过程中的数据追溯和取证提供坚实的技术保障。这种自动化的大数据处理不仅为网络上的各方主体建立了信任机制，而且从技术层面为增强中华民族共同体意识的凝聚力提供了有力支持。通过这种技术赋能，可以有效地增强国家治理能力和社会管理的现代化水平，促进国家和社会的长期稳定与发展。

三、以底线思维保障中华民族共同体意识的大数据治理

当前，数据已成为国家的重要战略资源，大数据技术更是推动国家发展的重要引擎，大数据治理能力已成为保障国家安全和各族权益的基础支撑。在这一背

景下，我们需要以底线思维来深入分析大数据资源在网络信息传播中的安全性，维护各族人民共享发展成果的合法权益，从而确保中华民族意识形态的安全。

底线思维的核心在于防范风险，保护各族人民的利益和权益。在大数据时代，信息传播的快速和广泛性带来了新的挑战和威胁，可能对中华民族共同体意识产生负面影响。因此，我们需要以底线思维来审视大数据治理体系，确保其安全可靠，不受到恶意操纵或侵害。只有这样，才能维护中华民族的意识形态安全，保障各族人民共同的发展利益。

（一）保障中华民族共同体意识与国家安全

在当前信息化迅速发展的时代背景下，数据已成为国家的重要战略资源，大数据技术的应用和治理对国家发展起到了关键作用。大数据治理的能力成为保障国家安全和维护各族人民权益的基石。因此，采用底线思维来审视大数据资源的管理和应用尤为重要，特别是在网络信息传播的广泛性和快速性带来新的挑战和潜在威胁的情况下，确保信息传播的安全性，维护各族人民合法权益，成为确保中华民族意识形态安全的必要措施。

底线思维要求我们从防范风险的角度出发，保护和维护各族人民的利益和权益，特别是在大数据环境下，对可能对民族共同体意识产生负面影响的风险要给予足够重视。通过建立健全的大数据治理体系和安全机制，加强对大数据的监管和管理，我们可以有效地预防和化解风险，从而保障中华民族共同体意识的稳固和持续发展。这种做法不仅是对民族团结和国家安全的重要保障，也是对国家未来发展的负责任的态度。通过底线思维的实践，我们能够确保大数据技术的积极应用同时防范其潜在风险，为实现国家长远发展目标提供坚实支持。

（二）大数据时代下的个人权益保护与数据安全策略

在大数据时代，随着数据应用成果的普及，各族人民享受到更多的信息服务。然而，数据安全的挑战也日益严峻，个人信息的泄露和滥用问题频发。这不仅因为某些互联网平台在盈利的驱动下非法收集和利用个人信息，增加了个人权益受侵害的风险，而且数据泄露严重威胁了公众共享发展成果的安全，侵犯了合法权益。“此外，随着全球数据黑色产业链的崛起，个人数据安全问题频繁发生。

国际上对数据保护的法律标准不统一，加之信息传播过程中缺乏安全可靠的网络环境，使得数据泄露风险进一步加剧。”①

因此，不断创新和升级大数据赋能技术是保障数据安全的关键。通过实施严格的权限管理和采用高效的数据加密技术，可以有效设定数据对象的操作权限，从而不断提高数据安全性。这些措施将为各族人民共享发展成果提供坚实的技术保障，确保他们享受的合法权益不受侵害，维护数据安全的底线。通过这些策略，可以为社会公共利益的保护和国家信息安全构建一道更加坚固的防线。

第四节　铸牢中华民族共同体意识的法治保障解析

一、树立个人的公民身份认同

在新时代民族工作中，应当以增进共同性、尊重和包容差异性为重要原则。

（一）塑造公民法治观念

“《中华人民共和国宪法》明确规定了公民的权利和义务，强调了法律面前人人平等的原则。因此，塑造公民法治观念是中华民族共同体法治建设的基础。”②

第一，培育参与意识至关重要。在国家治理中，每个公民都有平等的权利和义务。为了让人们更好地了解自己的权利和义务，需要让他们认识到自己是国家的主人，积极参与国家事务的治理，形成理性的参与意识。在民主法制中，应重视公民有序参与的环节，推动国家治理体系的完善和现代化。

第二，强化监督意识是推动民族工作法治化的关键手段。公民应积极行使监督权利，阻止破坏国家统一和民族团结的行为。通过公民监督意识的提升，形成群体监督的强大正能量，推动民族工作法治化的不断完善。

---

① 刘政，郑易平. 大数据赋能：新时代铸牢中华民族共同体意识的技术路径［J］. 中南民族大学学报（人文社会科学版），2023，43（08）：28-33+182.

② 胡弘弘. 论公民意识的内涵［J］. 江汉大学学报（人文科学版），2005（1）：70-74.

第三，强化责任观念是塑造公民法治观念的重要方面。公民个体和自治机关应意识到自己的责任，认识到上级国家机关的帮助措施并非永久性照顾，而是一种造血功能。通过有效行使自治权，带动民族自治地方自力更生，不断向高水平建设的目标迈进。

第四，强化法治观念是规范公民行为的基础。公民应不断提升自己的规则意识，将民族工作纳入法治轨道。在处理涉及民族因素的争端时，应坚决按照法治精神进行处理，树立对规则之治的信仰。上级国家机关在执行帮扶措施时，需要通过合理的决策机制将这些措施落实到位，并在宣传教育方面不断提升地区各族公民的法治素养，让他们明白遵守法制规则才是实现共同富裕的必要条件。

（二）优化优惠政策

改善优惠措施需要在政策层面做出调整，以更好地体现法治原则。“长期以来，少数民族在教育和就业领域享有的特殊优惠政策引发了广泛的社会讨论。这些政策往往因为个体的民族身份而获得高等教育和就业方面的优势，但这种偏袒可能会在一定程度上加强民族身份的认同。因此，在政策制定中，应该更加注重区域差异，而不是简单地以民族身份作为唯一的标准。此外，应该优先考虑那些来自贫困家庭的少数民族考生，而不是仅仅依靠民族身份来确定加分对象。”①

在少数民族就业优惠方面，应采取必要的措施来促进法律的有效实施。目前的法律制度往往只关注少数民族的权利保护，而忽视了他们应该承担的公共责任。因此，政府部门需要修改和完善法律规定，明确规定享受就业优惠政策的少数民族人员应承担的公共责任，并加强对他们的培训和教育，以确保他们具备履行公共责任的能力。同时，对于违反协议的行为，应明确规定相应的责任和处罚。此外，对于少数民族优惠政策的具体标准和界限也应明确规定，以确保这些政策符合法治原则和公民的平等权利。

二、加强法律统一认同

维系各民族的法律认同是确保中华民族共同体意识巩固的关键。这一过程需

---

① 田钒平. 少数民族就业优惠法律制度的立法目的探讨［J］. 学术界，2020（8）：67-81.

要各民族在遵循共同准则和统一法制的基础上，通过平等友好和谐相处，最终形成“中华民族是一个人”的认知。要实现共性准则的形成和统一法制的实践，必须依靠有力的制度保障。通过制度的发挥，为各民族树立统一的社会交往规范，从而增进各民族间的共同性，巩固法律认同。要实现这一目标，就需要明确正式制度与非正式制度之间的关系，规范各民族在社会交往中应遵循的准则，持续加强各民族之间的法律认同。

（一）正式制度与非正式制度的合理区分

着眼于依法治理民族事务的视角，2019 年召开的全国民族团结进步大会和 2021 年召开的中央民族工作会议上分别强调了“确保各族公民在法律面前人人平等”和“推进民族事务治理体系和治理能力现代化”的重要性。在这个意义上，依法治理是处理民族事务的基本前提，而法治则是实现这一目标的具体手段。从法律的角度来看，法律是政治制度的重要表现形式，而将民族事务纳入法治轨道的关键在于将法律制度确立为各民族交往、交流和融合所需遵循的规范。

1. 确立正式制度的主导地位

在各民族交往、交流、交融不断加深的现实背景下，维系各民族群体对社会认同并非带有“本民族”特性（如习惯法）的非正式制度，而是各民族成员在交往、交流、交融中形成的“共性”因素。规范的法律文本，统一的法律实施，共同的法治规则就是这一共性生成的制度保障。在新时代，充分发挥制度规范的功能，全面贯彻《中华人民共和国民法典》以促进族际关系治理法治化，就是明确各族公民社会交往准则的具体形式。

具体而言，各民族之间交往、交流、交融的不断加深，归根到底是其群体成员的社会交往。在这个过程中，各公民成员之间交往最为频繁和普遍的行为，则是民事行为。全面贯彻《民法典》，有利于在各族公民交往之间促进“共性”制度的生成，进而树立统一的民事法律行为准则，在维系各民族社会认同的基础之上为中华民族共同体意识的铸牢提供制度保障。

同时，针对前述提到的“民族习惯”等在司法适用中不当应用可能存在制约中华民族共同体意识铸牢的因素，自治地方的人民代表大会虽然没有被《民法典》直接赋予制定变通规定或补充规定的权力，但是从各民族群体保持或改革自身风俗习惯自由的角度而言，尤其是在民事行为的调整和纠纷的解决上，根据既有规定已经可以得到有效保障。这也充分体现了通过制度规范保障各民族群体社会认同实现的重要功能。在现实生活中，就应当从公民、社会、政府三个维度来加强《民法典》的学习，执法部门和司法部门在进行涉及民族因素的民事事件裁判中也应当在充分领会《民法典》精神的前提下，根据实际情况再考量“民族性”等特殊因素，从而为不同民族间的社会交往树立明确而清晰的法治标杆。“在此基础之上，需要通过法治宣传教育推动各民族树立法治意识，让法律的权威成为各民族内心的拥护和真诚的信仰，在全面推进依法治国的整体要求下不断弘扬社会主义法治精神。”[①] 建设社会主义法治文化，按照“增进共同性”的民主法制要求，使各民族都成为新时代中国特色社会主义法治的崇尚者、遵守者、捍卫者。

2. 发挥非正式制度的时代作用

在各民族交往、交流、交融的进程中，形成的“共性”规范代表了正式制度的国家法律，而代表本民族的“特性”制度规则则是各民族群体在历史发展和现实生活中逐渐形成的“风俗习惯”“民族习惯法”。在铸牢中华民族共同体意识的背景下，要有利于在群体的社会交往层面遵循统一的制度准则，非正式制度与正式制度的关系是一个值得认真思考的问题。在新时代，非正式制度必须经过正式制度的检验，必须遵循中华民族国家法律为准绳，更不得违背现代社会法治的精神和原则。

具体而言，应当客观辨析某些民族习惯和习惯法可能对各民族群体社会认同产生制约作用的基础上，检验其是否符合“公序良俗”，并充分挖掘其时代价值。“在带领中华民族迈向共同富裕的道路上，要让各族人民明白‘良法善治’的重要作用，真正构建起各民族群体对于当代中国社会的认同：认可社会交往的统一准则；遵守社会公德；在真正平等的理念下尊重其他民族群体。从制度规范的功能上讲，真正能够维系各民族群体对于现代社会认同的应当是社会主义核心价值

---

① 徐显明．当代世界法治与中国法治发展［M］．北京：中共中央党校出版社，2020：241．

观，这也是适用于各民族群体社会交往的行为准则。”①

（二）加强对通用语言文字的学习与掌握

1. 加强通用语言文字学习与使用的必要性

各民族都有使用和发展自己的语言文字的自由是“多元化保护”原则的重要体现。然而，在市场经济和法治经济高速发展的今天，具有“共性”的交流方式即国家通用语言文字的推广对于各民族群体间的交往和民族地区整体经济社会的发展都具有更加重要的意义。从公民个体、区域发展、民族工作的角度来看，学习和使用国家通用语言文字是非常必要的。如果语言文字不通，则难以进行有效交流，这对于铸牢中华民族共同体意识显然是不利的。推广普及国家通用语言文字是铸牢中华民族共同体意识的重要内容，也是保障和实现中华民族共同体的价值的重要条件。

在民族工作法治化的进程中，加强对国家通用语言文字的学习与使用尤为重要。因此，要在各民族间树立高效统一的社会交往规范，促进各民族群体间的交往交流交融，在民族工作法治化的进程中不断加强对国家通用语言文字的学习与使用。

2. 强化通用语言文字学习与应用的重要性

“通用语言文字的学习与使用是中华民族共同体不断凝聚的重要特征，也是构建中华民族共同体的基本组成要素。”② 加强通用语言文字的学习与使用，不仅是确立各民族间统一交往规范的具体途径，也是巩固中华民族共同体意识的有力保障。首先，要澄清一个观点：学习和使用通用语言文字并不会削弱少数民族语言传承。实际数据表明，少数民族本民族语言的传承和使用情况良好，并不存在通用语言文字对其的“替代”关系。其次，通用语言文字的学习和使用不应局限于少数民族和民族地区。由于我国区域差异和社会文化多元的特点，通用语言文字作为促进各民族交往的工具，应受到全体中华儿女的重视。

---

① 田钒平. 民法典视野下铸牢中华民族共同体意识的法理探讨［J］. 西南民族大学学报（人文社会科学版），2021（2）：1-9.

② 邹阳阳.《国家通用语言文字法》与铸牢中华民族共同体意识研究［J］. 西北民族大学学报（哲学社会科学版），2021（6）：45-53.

推广通用语言文字的方式应包括：深刻认识其对个人能力提升和社会融入的重要性，落实政府的相关政策，提升社会语言规范意识，加强学校培训功能，并注重针对性地教育推广，特别是针对少数民族边远地区和农村地区的群体。这些举措将有助于促进各民族融入国家主流文化，增进中华民族共同体意识的凝聚力。

三、巩固中华民族的宪制基础

在全面推进依法治国的背景下，充分发挥法治的功能和作用，不断促进各民族交往交流交融，妥善处理作为家庭成员而存在的各民族间的关系，是指引各族人民铸牢中华民族共同体意识的关键所在。“铸牢中华民族共同体意识的法治保障，其关键就在于能否将宪法基于民主法制的基本原则落实到位。前文所述的一系列不利于铸牢中华民族共同体意识的因素，其根源在于现阶段我国民主法制体系存在的种种不足，基于此，应当以‘各民族一律平等’‘国家帮助’‘民族区域自治’‘多元化保护’宪法关于民主法制的基本原则为切入点，结合新时代民主法制体系的完善，不断巩固中华民族的宪制基础。”①

（一）突显民族平等的本质

“民族平等”是宪法关于民主法制最为重要的原则，也是社会主义民族关系中最基本的内容，它构成了中华民族共同体法治建设的基石，后续的“国家帮助”“区域自治”以及“多元化保护”都是围绕着“各民族一律平等”展开，其目的也在于践行“实质平等”。“中华民族共同体法治体系的建设，也正是以法治的方式践行各民族一律平等的具体体现，从这个意义上讲，夯实中华民族的宪制基础，首先就应当突显民族平等的本质。”②

1. 推动民族平等的理论与实践研究

在当前的社会背景下，民族平等的理论研究至关重要。民族平等作为宪法所

---

① 李华霖. 铸牢中华民族共同体意识的法治保障研究［D］. 成都：西南民族大学，2022：215.

② 田钒平. 民族平等的实质内涵与政策限度［J］. 湖北民族学院学报（哲学社会科学版），2011（5）：88-91.

确定的基本原则，是构建社会主义民族关系的核心内容。其实质性意义在于确保各民族在法律地位和实际发展上的平等。而要实现这一理论的落实，需要从多个方面进行研究和探讨。

（1）民族平等的理论研究需要明确对“平等”的定义。这不仅包括法律地位上的平等，也包括实质上的平等。在理论层面，需要就平等的内涵、范围以及具体实践进行深入分析，从而指导后续的政策和制度设计。

（2）需要重视个体和群体之间的平等问题。民族平等的实现并非简单地以群体为单位，而是要考虑到每个个体的权利和发展需求。因此，研究应当关注到个人在民族关系中的地位和权益保障，以及如何通过政策和制度设计来促进个体的平等发展。另外，民族平等的研究还需要关注区域自治的实践。在我国，少数民族地区实行区域自治是一项重要政策。因此，研究如何通过区域自治来实现民族平等，包括自治机关的建设、自治权的行使以及内部事务的处理，都是至关重要的。

（3）民族平等的研究应当注重实践效果和社会影响。理论研究不仅仅停留在学术层面，更要关注其对于实际政策的指导和社会发展的推动作用。因此，研究成果需要能够为相关政府部门和社会组织提供可行的建议和方案，促进民族平等的实践与发展。通过深入研究平等的内涵和实践路径，可以为构建一个团结、和谐的中华民族共同体提供理论支撑和政策指导。

2. 提升协商民主的实效性

在民主法制的实施体系中，协商民主的不足成为制约因素。特别是在民族自治地方，协商民主的不充分体现影响了民族平等的实践。尽管一些学者早就提出将协商民主引入民族研究，但对于民族领域协商民主的理论研究还需进一步深入。而在新时代的民族工作中，充分发挥协商民主的实效，不仅是践行“各民族一律平等”的宪法原则，也是铸牢中华民族共同体意识的重要举措。

为提升协商民主的实效，首先需要合理确定协商的主体，确保各族公民的有序政治参与。除了政府层面的专门负责人外，还应包括其他民族群体的代表，尤其需要重视民间社会自治组织与基层自治组织的协商民主功能。“其次，需要优化协商民主的程序设计，确保各民族事务的解决方案得到最大共识。应将决策过程中的‘垂直型’决策改变为‘协商民主决策机制’，主要是通过不同民族群体代表之间的真诚协商对话来实现。”① 最后，要强化责任落实，确保协商民主机制的有效运行。各级党委、政府、人大、政协都要加强对协商民主工作的领导，将其作为促进民族平等的重要组成部分。同时，对于落实协商民主规章制度不力的情况，应依法启动问责机制，确保协商民主的落地实施。

（二）提升国家援助的实效性

帮助机制实施不够细致的问题的根源在于民主法制实施体系和监督体系的不足。因此，应当将研究重点放在国家帮助的主体“上级国家机关”，特别关注“权责分配”方面，通过不断完善民主法制体系来促进国家援助的实效性。

1. 明确“上级国家机关”的法定职责与监督反馈

（1）需要澄清上级国家机关在国家援助中的具体指向。在民族自治地区的相关法律框架下，“上级国家机关”通常指的是那些负责管理自治区、自治州、自治县等地区的机构，而不是其所管辖的其他部门。然而，在实际的国家援助实践中，由于我国民族自治地方的层级和类型不同，其上级机关也不尽相同。因此，为了更加全面有效地执行国家援助原则，我们需要根据不同地区的情况明确定义“上级国家机关”的范围。

（2）明确了国家援助的责任主体之后，有必要明确其基于何种依据对民族地区进行援助，以及援助的前提和标准。《中华人民共和国宪法》为国家援助提供了法理依据和上级国家机关的基本法律依据。此外，国家援助的目的不仅在于法律形式上的平等，更重要的是在政治、经济和社会等各个领域实现“实质平等”。因此，我们需要明确上级国家机关的法定职责，并确定其帮助职责的合理限度。

（3）我们应该完善上级国家机关履行国家援助法定职责的监督反馈机制。在没有严格、有力的法律监督机制的情况下，就不可能真正实现法治。因此，我们需要通过法律监督的方式来督促上级国家机关履行其法定职责，这也是检验国家援助成效的必要手段。需要从监督方式、监督体系和评估部门三个方面不断完善专门的监督机制，确保国家援助的有效执行。

---

① 李岁科. 国内学术界关于民族领域的协商民主研究综述［J］. 山西社会主义学院学报，2017（4）31-36.

2. 明晰自治机关内部的法定职责

民族自治地方的人大和人民政府之间的职责划分不明确，影响了自治机关权力的行使。这种不明确性在实践中表现为一些自治地方人大不适当地扩大了自治立法权的权限，导致自治法规的合法性受到质疑。因此，需要从自治机关构成、自治权的分配以及族际关系治理职责三个方面加以补充完善。

（1）就自治机关的构成要素而言，应明确规定民族自治地方的人大是自治条例和单行条例的制定机构，其构成应由自治地方的人民代表大会决定。

（2）关于自治权的合理分配，现有法律更多地强调了上级国家机关与民族自治地方之间的垂直职权划分，但对自治地方人大和人民政府之间的横向自治权划分却缺乏明确规定。因此，有必要进一步明确民族自治地方人大的自治立法权限，以确保其行使自治权的合法性和有效性。

（3）关于族际关系治理职责的承担，需要明确规定自治地方人大和人民政府在协调自治地方内部民族关系时的具体职责。现行的自治条例往往只是对《自治法》原则的简单重申，而缺乏具体的操作细则。因此，应在相关法律中进一步明确民族自治地方人大应根据法律原则制定具体措施和方法，以促进各民族之间的交往、交流和交融。

3. 确立科学的援助措施决策机制

“在实施‘国家帮助’的过程中，首要考虑的是各少数民族的独特特点和需求。因此，如何真实反映各少数民族的诉求，合理满足民族地区的需要就显得至关重要。一些帮助措施之所以存在‘一刀切’‘大水漫灌’的问题，根源在于对‘国家帮助’的范围缺乏清晰认识，以及对少数民族和民族地区的特点和需求缺乏真正了解。”① 因此，建立科学的决策机制至关重要。然而，这只是为“国家帮助”决策提供了理论基础，要将理论转化为实践中的针对性决策，还需要进一步深入研究。

具体而言，应明确“国家帮助”措施确定权、决定权、执行权的责任主体。考虑到自治机关更了解本地区的发展特点和实际需求，应该将“民族自治地方的

---

① 田钒平. 民族自治地方自治机关法定职责划分问题研究［J］. 贵州省党校学报，2019（5）：83-91.

发展特点与实际需要”的确定权交由自治地方的人民政府来行使。在此基础上，上级国家机关可以根据自治地方人民政府提出的帮助理由及需求的合理性与正当性进行审查，决定是否施行差别化的支持措施。在帮助措施由自治机关确定，上级国家机关审核决定的前提下，为保证差别化扶持措施在民族自治地方有针对性地发挥实效，应由自治机关对这些差别化政策和措施再进行执行。

（三）体现地方自治的时代特征

宪法中有关民族区域自治的规定是我国民族区域自治法律法规体系的基石。前文已经指出，在民族区域自治这一维度，对其内涵的解读存在偏差，需要革新其功能以准确定位其自治权限。这种不准确的定位是民族法律规范体系和民主法制实施体系不足的具体体现。为了从根本上解决这一问题，当前迫切需要系统解决民族法律规定缺乏明确性、统一性和完备性等问题，以提高宪法原则在民族关系治理领域的权威性，同时保障民族区域自治的有效实施。这主要体现在三个方面。

1. 深化法律解释，促进民族区域自治

在深化对法律有关规定的解释方面，我们需要以更为详细的方式来理解和贯彻民族区域自治原则。首先，我们要明确界定和解释关键概念和术语，以确保法律的实施符合宪法精神。比如，在《中华人民共和国民法典》施行后，对民族自治地方在民事法律规定上的变通权利需要进行具体的解释，以明确其在新时代的适用范围和界限。其次，我们需要考虑法律解释的时代性和操作性问题。以《自治法》为例，其抽象概念需要进一步解释，以便更好地指导实践操作。同时，对上级国家机关的优惠帮助措施也需要进行立法目的的解释，以强调权利和义务的对等性。然而，《自治法》的宏观方针与具体操作之间存在一定的脱节，因此需要配套立法来解决这些问题。

具体而言，配套立法应重点关注五个方面：一是对较为宏观和抽象的术语进行解释和实施问题的研究，以确保法律的适用性和操作性；二是关注规范性文件的实施情况，确保法律的落实与执行；三是针对重点领域的专门立法问题进行研究和制定，以弥补法律体系的不足之处；四是对已制定实施的配套法规和政策措施进行监督和评估，以确保其在实践中的有效性和合理性；五是对一系列民族法

律法规的价值取向和功能定位进行研究和评估，以指导未来的立法和政策制定。

通过以上详细的分析和措施，我们可以更好地推动民族区域自治法规的落实和实施，促进民族关系的和谐稳定和社会治理的现代化进程。

2. 深化民族法律规范体系建设的路径和实践

在推进民族法律规范体系的完善过程中，需要从多个层面进行探索和实践。首先，我们应该明确宪法和自治法的规范要求，对其进行细致解读和准确定位，以确保法律体系的理论基础牢固。其次，立法层面需要加强对法律文件的监督，确保其与宪法相一致，尤其在备案审查和执法检查方面需要加大力度。最后，微观层面的自治立法要以正确理解民族区域自治原则为基础，强调各民族共性的生成，修订和清理那些不利于中华民族共同体意识和民族团结的法规，并加强对城市民族工作的规范性文件的修改和完善。

具体而言，我们需要做到：首先，加强对宪法和自治法的解读和解释，确保法律体系的理论基础牢固。其次，加强对法律文件的监督和审查，确保其与宪法相一致。再次，加强对自治立法的引导和规范，强调各民族共性的生成，修订和清理不利于民族团结的法规。最后，加强对城市民族工作的规范性文件的修改和完善，以适应新形势下的民族工作需求。通过以上努力，我们可以实现民族法律规范体系的不断完善，进一步推动法治建设的深化，巩固中华民族共同体意识，促进民族团结和社会稳定。

3. 深化民主法制人才队伍的建设之路

在法治实践中，法律规定的准确解读和有效实施取决于工作人员解决复杂法律问题的知识和能力。然而，在民主法制的实践中，由于缺乏有效的理论支持，民主法制人才队伍相对匮乏，导致对民族区域自治内涵和立法目的的理解存在偏差。因此，加强民主法制人才队伍建设，不仅是优化自治权行使保障体系的基础，也是更好地践行区域自治的必然要求。

（1）需要加强基础理论的研究。这包括对立法理论的研究，建立专门为自治地方培训立法工作者的机构和机制，以确保其真正领会宪法相关原则精神，并指导法治实践。另外，应当提升理论界与实务界立法协同机制的建设水平，以实现科学的立法理论指导实践，提升理论水平。

（2）推动学科建设的发展。高等院校应重视民主法制基础课程的设置，修订和更新教材，确保教学内容与新时代民族工作的主线相一致。民族高校应将民族法学作为重点学科培养，同时加强与就业部门的对接，确保毕业生能够真正服务于民族地区的经济社会建设。

（3）更加有针对性地加强民主法制人才队伍建设。要重视应用型法律人才的培养，同时注重双语人才和定向型服务人才的培养。在招录环节上，应适当体现“自治”，并关注民主法制人才的后续发展问题，真正解决“留不住”问题。通过以上努力，可以建立更加健全的民主法制人才队伍，为深化民主法治建设提供坚实的人才支撑，推动民族团结和社会稳定。

（四）推进多元文化保护的整体发展

在多元文化保护的方面，为了促进族际关系的法治化，理性地分析正式和非正式制度之间的关系，并加强国家通用语言文字的学习和使用，这都是不断加强共同性的必然要求。然而，在各民族群体之间的交往以及不同民族身份的公民之间的行为中，遵循的规则不仅受到法治的约束，还受到文化认同的影响。文化认同是最深层次的认同，因此，为了贯彻新时代宪法民主法制中“多元文化保护”的重要原则，我们需要树立正确的中华文化观，并在此基础上加强法治宣传教育的针对性和有效性。

1. 树立正确的中华文化观

中华文化与各民族文化之间，不仅存在着“根与叶”的关系，更是共性与个性的有机统一。中华文化包容性强，因此能够历久弥新、愈发灿烂。因此，树立正确的中华文化观对于理解多元文化保护至关重要。

从文化传递主体来看，政府部门解决的是“能不能学”的问题，但解决“想不想学”的问题更依赖于公民自身的认知和整体文化环境。因此，除了政府的任务式推广外，社会团体和家庭的引导力量也至关重要，应该在整体层面影响每个公民的认知，让他们意识到接受文化教育能够提升自己，并不断增强社会资源的获取能力。

在文化教育的内容方面，首先应加强对整个中华民族历史的宣传教育，突出强调“各民族都是中华民族大家庭成员”的主线。其次，在对各民族优秀历史人物的阐述中，应注重民族团结共筑中华民族大家庭的实例，让各族人民深刻领会中华文化的历史渊源以及与各民族优秀文化的共同致力。最后，教育内容应赋予民族工作紧密的时代感，塑造各族人民对共性文化的深刻认同，发扬中华传统文化的时代精神。

在文化教育方式方面，应充分利用互联网的作用，让互联网成为构筑中华民族共有精神家园、铸牢中华民族共同体意识的主要增量。同时，应充分挖掘现有的宣传教育载体，如电影、电视剧、新媒体等，在广大人民群众喜闻乐见的文化平台中贯彻中华民族共享的优秀文化基因。通过这些努力，中华文化不仅能吸引人，还能传播出去，让世界各地的中华民族成员都能感受到文化的影响力，从而促进中华民族在全球的认知和影响力。

2. 提升民主法制宣传教育的有效性与针对性

在法治教育与宣传的维度存在着形式单一、受众感知不明显的问题。为了解决这一困境，不仅需要加大全面普法力度，还需要认真思考如何使法治宣传教育更具针对性，以实现普法效果的真正落地。

（1）需要明确宣传教育的对象。“传统上，民主法制宣传教育的对象主要是‘少数民族’和‘民族地区’。”[①] 然而，新时代下，应重点让各民族群体深刻认识到法治的重要性，而不应局限于特定民族或地区。

（2）需要更新宣传教育的理念。长期以来，民主法制的宣传教育往往侧重于告诫公众遵守法律，而对公民权利的倡导相对较少。因此，应强调各族公民在法治规则下享有的权利，以及和谐民族关系对个人发展和社会稳定的重要性。

（3）需要丰富宣传教育的方式。为了解决宣传教育“形式单一”“乏味”的问题，可以采用更多元化的方式，如利用互联网、短视频、影视资料等来丰富宣传教育内容。同时，针对不同受众对象，应采取不同的宣传策略，以确保民主法制的理念能够深入人心，实现多元化保护的宪法原则。

---

① 陈蒙，雷振扬. 民族地区普法的价值分析与路径选择［J］. 青海社会科学，2017（5）：135-150.

第四章　中国式现代化道路的背景与价值

第一节　中国式现代化道路的形成逻辑

一、中国式现代化形成的理论逻辑

中国式现代化的形成，是一个深刻而复杂的理论逻辑过程，其核心在于将马克思主义基本原理与中国具体实际相结合，以适应中国独特的社会、经济和文化条件。在这一过程中，中国共产党发挥了关键作用，通过不断的理论创新和实践探索，形成了具有中国特色的社会主义现代化理论。

（一）马克思主义的现代化理论

中国共产党坚持马克思主义的基本原理，秉承实事求是的原则，立足于中国的实际情况，深刻洞察时代发展趋势，积极把握历史发展的主动权，进行不懈的探索和实践。通过这一过程，不断推动马克思主义在中国的实践化和时代化，引导中国人民深化社会革命的伟大实践。在这一背景下，中国的现代化建设不仅是社会变革的重要组成部分，也是马克思主义理论与中国现代化建设实践相结合的产物。因此，中国式现代化的理论基础之一，便是马克思主义经典作家关于现代化的理论阐述。

在探讨现代化发展的起因和动力时，马克思和恩格斯通过对现实的批判性分析和深入的实证研究，提出了一系列影响深远的理论。他们认为现代化的起因首先源于市民社会的兴起，市民社会的形成，以及文艺复兴对神权的挑战，促进了科学探索的兴起，为现代化奠定了思想和文化基础。

现代化发展的动力则源于“现实的人”，工人阶级和科技人员在推动社会变革中起到了关键作用。科学技术的创新被视为现代化的直接动力，它不仅推动了生产力的发展，也渗透到了社会的各个领域。

马克思主义的现代化思想中，实现人的全面自由解放被视为最高目标。他认为现代化的本质是人的现代化，通过这一进程，人的自由全面发展得以实现，个性和主体性得到充分发挥，个人价值得以充分展现。马克思设想了一个人们可以自由追求多种活动的社会，这体现了他对现代化深刻的人文关怀和对未来社会的崇高理想。

（二）中华优秀传统文化中的发展理念

中华优秀传统文化，作为中华民族五千年文明史的结晶，承载着民族深层的精神追求和价值理念，是民族精神文化发展的重要滋养。在新的历史时期，这一文化传统不仅为中国式现代化提供了丰富的理论资源，还为其发展注入了独特的思想启迪。

首先，中华传统文化中的“天下观”为中国式现代化注入了全球视野。这一观念强调“天下大同”和“天下一家”的理想，倡导在追求自身发展的同时，促进世界的共同进步。中国共产党继承并发扬了这一传统，将其与社会主义现代化建设相结合，提出了构建人类命运共同体的理念，展现了中国式现代化的正义性和包容性。

其次，“和谐观”为现代化发展提供了价值指引。和谐作为中华民族自古以来追求的至高境界，体现了民族温和、客观的特质，为中国式现代化指明了追求人与自然和谐共生、世界和平美好以及物质文明与精神文明协调发展的价值目标。

再次，“民本观”为中国式现代化提供了明确的价值观和发展方向。作为中国传统政治伦理的核心，民本思想强调以民为本，历代先贤将其作为治国安邦的重要原则。中国共产党将这一观念与马克思主义相结合，形成了以人民为中心的发展观，确保了中国式现代化的价值取向和发展目标始终以人民的利益为依归。

最后，“道德观”为中国式现代化提供了精神动力。中国作为礼仪之邦，其深厚的道德传统和精神品质为中国的发展提供了不竭的精神资源。在中国共产党的领导下，凭借民族精神的激励，中国在现代化进程中不断创新探索，开辟了具有中国特色的现代化道路，并创造了众多发展奇迹。

（三）中国共产党人的现代化理论

“建构中国式现代化理论体系已成为中国式现代化发展到新阶段的必然要求，需要遵循中国式现代化自身的发展逻辑与理论体系自身的学理逻辑。”① 中国共产党人的现代化理论是在深刻分析中国社会历史条件和现实国情的基础上形成和发展的。

首先，在理论构建过程中，中国共产党人深刻认识到，现代化不仅仅是经济和技术的现代化，更是一个涵盖经济、政治、文化、社会和生态文明等多个方面的全面现代化过程。这一理论体系强调，现代化进程必须坚持以人民为中心的发展思想，确保现代化成果能够惠及全体人民，实现共同富裕。

其次，中国共产党人的现代化理论还特别强调了理论与实践的结合。在实践中，中国共产党不断探索和总结经验，通过改革开放和科技创新，推动了经济的快速增长和社会的全面进步。同时，该理论也注重从中华优秀传统文化中汲取智慧，将传统文化与现代化建设相结合，形成了具有中国特色的发展道路。

最后，中国共产党人的现代化理论还体现了开放性和包容性。在全球化的背景下，中国共产党积极学习借鉴国际先进经验，同时坚持独立自主，走符合中国国情的现代化道路。这一理论体系不仅为中国的现代化建设提供了科学指导，也为世界其他国家特别是发展中国家提供了宝贵的经验和启示。

在推动现代化进程中，中国共产党人的现代化理论还强调了可持续发展的重要性。在经济发展的同时，注重生态保护和环境治理，推动绿色、循环、低碳发展，确保现代化建设与自然环境的和谐共生。

二、中国式现代化之路的实践逻辑

人类社会的发展历程揭示了现代化不是一蹴而就的过程，而是一个渐进的、阶段性的演变。中国共产党领导人民不断探索、完善和深化中国式现代化之路的实践，形成了农业社会到现代化基础奠定再到现代化强国的三个阶段，确保了中

---

① 吕晓斌. 中国式现代化理论体系的建构逻辑［J］. 探索，2023（6）：14.

国式现代化之路的连贯性和稳定性。

（一）中国探索现代化之路

中国共产党在开创中国式现代化道路的伟大实践中，通过几个阶段的努力为社会主义现代化奠定了基础。在新民主主义革命时期，共产党推动民族独立和人民解放，确立了独立自主发展的现代化道路。在社会主义革命和建设时期，实现了社会主义基本制度的确立和工业化建设的迅速发展。而在改革开放和新时期，中国共产党始终坚持创新发展战略，推动经济持续增长和社会长期稳定，为实现社会主义现代化提供了充分条件。通过百年奋斗，中国共产党团结带领全国人民实现了历史性突破，为社会主义现代化积累了坚实基础。

（二）中国现代化道路的优化

中国共产党所确立的社会主义现代化建设目标为中国现代化道路的优化提供了坚实基础。这一目标不仅是对未来的远景规划，更是对当前行动的明确指引。通过 2035 年的长期目标和未来五年的近期目标，中国共产党为实现社会主义现代化提供了具体时间框架和量化标准，以及全面系统的发展战略。这一战略规划凸显了中国现代化之路的独特性和可行性，同时也展现了中国政府对国家未来发展的坚定信心和决心。2035 年的远景目标是中国现代化建设的里程碑式标志，旨在各个领域全面提升，力争取得重大突破和进展。未来五年的近景目标更具实践性，要求在各方面取得实质性进展。这样的时间框架和目标设定为中国的现代化建设提供了明确指引和动力，有助于维护社会稳定和秩序，同时为中国在国际舞台上树立更自信有力的形象。中国共产党的路线图凝聚了全国人民的智慧和力量，形成了全社会的一致行动，为中国现代化之路的成功提供了坚实保障。在这一伟大目标的引领下，中国将不断前行，取得新的成就，走出中国特色的现代化之路，为构建人类命运共同体做出更大的贡献。

（三）中国式现代化道路的拓展与社会主义现代化强国建设

中国式现代化道路进入第三个阶段，从“基本实现现代化”到“现代化强国”①。党的二十大报告明确了2035年到本世纪中叶建成社会主义现代化强国的目标，并强调了这一历史使命的时间和任务的紧迫性。这一时间跨度和任务集中性要求中国共产党必须在各个方面取得显著进展，并在国际舞台上展现出综合国力和国际影响力的领先地位。这一目标的实现是中国式现代化道路长期发展的必然结果，也是中国共产党坚定实践创新的必然产物，与西方政客所声称的偶然性观点截然不同。

第二节　中国式现代化道路的核心要义

在党的二十大报告中，宣示了中国共产党在新时代的历史使命和目标，着重强调了建设社会主义现代化强国的重要性。这一报告不仅明确了中国式现代化道路与中国特色现代化之间的内在联系，还指出了中国式现代化道路在整个现代化进程中的重要地位。

一、中国特色现代化的本质内涵

在党的二十大报告中，对中国现代化道路提出了明确要求，涵盖了党的领导、中国特色社会主义、高质量发展、全面人民民主、丰富人民精神世界、实现全体人民共同富裕、促进人与自然和谐共生、推动构建人类命运共同体等多个方面。同时，报告还指出了中国现代化道路发展中可能面临的挑战和风险。因此，我们可以理解中国式现代化道路的本质内涵是一条综合性的社会主义现代化道路，它融合了政治性、总体性、文明性和复杂性等多种特征。

① 李后东，周梦琳. 论中国共产党推进和拓展中国式现代化的历史逻辑［J］. 泰山学院学报，2024，46（01）：13-18.

（一）中国式现代化道路具有显著的政治性

中国式现代化道路的政治性质是其独特性和成功的核心所在，这一道路深刻体现了中国共产党的理念和对国家发展方向的决策力。在全球化和信息化迅速发展的当今世界，中国共产党通过高度的组织纪律性和集中统一的领导，有效应对了国内外各种复杂情况和挑战。这种政治体系的优势在于能够迅速集中力量办大事，尤其表现在国家重大战略和关键技术攻关上，如航天、网络安全、生物技术等领域的飞速发展。

中国特色社会主义政治体制的高效率与特有的决策机制，为中国式现代化提供了坚实的政治保障。与西方多党制常常导致的政治分裂和政策短视不同，中国的政治体制能够确保政策的连贯性和长远性，这对于实施长期的发展战略至关重要。例如，中国在制定和实施“五年计划”中展示了超前的战略眼光和严密的组织实施力，这些计划确保了经济社会发展的有序和稳定。

此外，中国的政治体制强调党对一切工作的领导核心地位，这种领导模式在社会主义核心价值观的培育、传承和创新中发挥了核心作用。通过政治体制的优势，中国成功实施了包括法治建设、反腐倡廉等在内的一系列深刻的政治和社会改革。特别是反腐败斗争的深入推进，大大增强了政府的公信力和整个社会的正气。

中国共产党的领导还体现在对经济模式创新和调整的前瞻性指导中。在世界经济波动和国际竞争加剧的背景下，中国能够坚持以人民为中心的发展思想，通过改革开放持续优化经济结构，推动经济高质量发展。这不仅为中国人民创造了更多的福祉，也为世界经济稳定和发展做出了重要贡献。

在文化自信的培养上，中国式现代化道路同样展现出其深厚的政治性。通过挖掘和弘扬中华优秀传统文化，结合社会主义先进文化，形成了富有中国特色的社会主义文化强国战略。这种文化战略不仅增强了民族的凝聚力和向心力，也提升了中国在国际上的软实力和影响力。

综上所述，中国式现代化道路的政治性是其实现国家治理现代化的关键，是推动社会全面进步和长远发展的根本保证。在未来的发展道路上，维护这种政治性的同时，还需要不断创新和适应新的发展要求，确保中国特色社会主义现代化建设的正确方向和持续动力。

（二）中国式现代化道路彰显了其鲜明的整体性

中国式现代化道路的整体性不仅体现在国内政策和实践的协调统一，更在于其对外开放和国际合作策略的整合性和连贯性。在推进国家现代化的过程中，中国坚持以开放的姿态参与全球治理，通过“一带一路”等重大倡议，积极促进国际交流与合作，推动全球经济和文化的互联互通。这种策略不仅加快了自身的现代化进程，也为世界经济发展注入了新的活力，展现了中国对全球发展的责任和担当。

在社会建设领域，中国式现代化强调公平正义和社会稳定，致力于消除发展的不平衡不充分问题。通过实施更为精准的扶贫政策和改革医疗、教育、住房等关键领域，中国努力确保每一个公民都能分享到现代化带来的成果。这种整体性的社会政策设计，确保了社会的长期稳定和谐，为经济持续健康发展提供了坚实基础。

科技创新是中国式现代化的另一个鲜明特征。中国将科技创新放在国家发展全局的核心位置，大力支持高新技术研发和应用，尤其是在人工智能、量子信息、生物科技等前沿科技领域，取得了一系列突破性进展。这些科技成果的应用不仅极大地提高了生产效率和生活质量，也推动了传统产业的升级转型，增强了国家的核心竞争力。

在文化建设方面，中国坚持文化自信，推动社会主义核心价值观深入人心，同时积极保护和振兴民族文化，推动文化产业发展。通过文化与旅游的融合，传统与现代的结合，中国不断扩大其文化的国际影响力，增强了文化的全球吸引力和传播力。

在生态文明建设上，中国式现代化强调绿色发展，实施国家生态文明试验区和生态保护红线政策，加大生态环境保护力度，有效控制污染，改善生态环境。中国提出的绿水青山就是金山银山的发展理念，反映了现代化发展与生态环境保护的有机统一，这一理念已经成为推动可持续发展的重要思想。

通过这些综合性的发展战略和政策，中国式现代化道路展现了其在经济、政治、文化、社会和生态等多方面的整体性和系统性，确保了国家现代化进程的全面性和协调性。这种深度的整体性不仅确保了中国现代化的有效推进，也为世界提供了中国智慧和中国方案，推动构建更加公正合理的国际秩序和人类命运共同体。

（三）中国式现代化道路被赋予了崇高的文明性

“中国式现代化道路被赋予了崇高的文明性，习近平总书记在‘七一’讲话中首次提出人类文明新形态[①]，并在《中共中央关于党的百年奋斗重大成就和历史经验的决议》中进一步突显了这一概念。”[②] 中国式现代化道路的文明性是其全球独特性的体现，这种特性不仅揭示了中国发展的独到之处，也为全球现代化提供了全新视角。

在社会治理方面，中国重视建立一个公正、法治、和谐的社会。中国式现代化强调通过法律的公正实施和政治体制的改革优化，构建全社会的信任体系。这种模式不仅保障了社会稳定，也促进了社会公正和人权的保护，从而形成了稳定而和谐的社会环境，为文明的发展提供了坚实基础。

在文化传承与创新方面，中国不断挖掘和复兴其丰富的历史遗产，同时积极推动文化的现代化表达。中国通过国家级的文化项目、重大文化活动及国际文化交流，促进了中华文化的全球传播。同时，中国强调在传承中创新，在创新中发展，通过现代科技手段和全球视野重新诠释传统文化，使之更符合现代社会的发展需求。这种文化自信和开放的姿态，有助于推动全球文化多样性和文明的交流互鉴。

在生态文明建设方面，中国式现代化展现出深刻的生态文明理念。面对全球气候变化的挑战，中国积极实施绿色发展战略，推广可持续发展的生活和生产方式。这包括大力发展清洁能源、推行国家公园体制、严格的环境保护法规和国际环境合作。中国的这一做法不仅改善了国内的生态环境，也为全球生态安全作出了贡献。

此外，中国式现代化在推动全球治理体系改革和构建人类命运共同体的理念

---

① “我们坚持和发展中国特色社会主义，推动物质文明、政治文明、精神文明、社会文明、生态文明协调发展，创造了中国式现代化新道路，创造了人类文明新形态。”

② 张志飞. 中国式现代化道路的核心要义与价值意蕴研究［D］. 汉中：陕西理工大学，2023：56.

中展现了崇高的文明追求。中国倡导构建平等、开放、合作、共享的国际关系，推动建立更加公正合理的国际政治经济新秩序。通过这种方式，中国不仅在推动自身发展的同时，也努力为解决全球问题如贫困、疫情和不平等提供中国方案，展现了责任大国的担当。

（四）中国式现代化道路展现出深刻的复杂性

中国式现代化道路的复杂性体现在多个层面。首先，从国际环境的角度来看，全球政治经济格局的迅速变化对中国的发展战略提出了新的要求和挑战。在经济全球化深入发展的同时，保护主义和单边主义的抬头为中国的对外贸易和国际合作带来不确定性。这要求中国在坚持开放的基础上，更加注重构建互利共赢的国际合作关系，同时加强国内经济的自主可控能力，以应对可能的外部冲击。

其次，中国内部的发展不平衡问题也是现代化道路复杂性的一部分。东部沿海与中西部地区的发展差距、城乡之间的经济和社会福利差异，以及不同群体间的收入分配不均，都是需要系统解决的关键问题。这些内部矛盾不仅影响社会的稳定和谐，也是制约中国持续发展的重要因素。因此，采取有效措施推动区域协调发展，优化收入分配结构，提高全民生活水平，是中国现代化道路必须认真对待的复杂课题。

再次，文化认同和价值观的多样性同样是中国现代化道路的复杂性之一。作为一个历史悠久的文明古国，中国在现代化进程中既要保护和传承丰富的传统文化，又要吸收和融合现代文明的成果。在推动社会主义核心价值观普及的同时，也面临如何处理传统与现代、中西方文化差异的挑战。因此，建立一个既尊重传统又开放包容的文化体系，是中国实现全面现代化的关键环节。

最后，环境保护和可持续发展问题也凸显了中国现代化道路的复杂性。随着经济的快速发展，资源消耗和环境污染问题日益突出。如何在保证经济增长的同时，有效进行生态保护和资源管理，实现经济发展与环境保护的双赢，是中国面临的一大挑战。这要求中国在现代化进程中更加注重绿色发展理念的贯彻实施，推动生态文明建设进入新的发展阶段。

二、中国式现代化道路的基本特征

（一）现实特征：人口规模巨大

目前，全球范围内实现现代化的国家和地区数量相对有限，其总人口尚未达到十亿。在此背景下，我国十四亿人口整体步入现代化社会，其规模将超越现有发达国家的总和，这一历史性的转变必将对现代化的世界版图产生深刻影响，在人类历史上留下深远印记。这无疑是一个充满挑战与机遇并存的历程。从一方面来看，巨大的人口规模意味着不同社会阶层、年龄段和群体的规模也同样庞大。如果现代化发展所带来的红利分配不均衡，极易触发复杂且多变的社会矛盾，对现代化进程构成不利影响。同时，无论是早期实现现代化的英国，还是后来引领现代化的美国，其人口规模都仅在上千万或上亿左右。这表明，拥有十几亿人口的中国难以直接套用现成的现代化经验，而必须依靠中国人民自身的智慧和力量进行自主探索。从另一方面来看，改革开放四十多年的发展成果已经充分证明，庞大的人口规模蕴含着无限的潜能。通过充分开发人力资源，充分展现人才的创新能力，人口负担自然能够转化为人口财富，成为我国现代化建设的强大动力和催化剂。因此，中国式现代化道路的一个重要现实特征——人口规模巨大，具有正反两方面的效应。我们应当坚持实事求是的原则，因势利导，从实际出发，科学认识、及时研判，主动适应、抓住机遇，妥善处理好人口与发展之间的关系，保持历史耐心，把握历史主动，不断推进强国建设。

（二）目标特征：全体人民共同富裕

西方现代化道路所遵循的资本主义发展逻辑，其本质在于剥削和压榨劳动人民以完成资本的原始积累，并迫使劳动人民成为现代化的附庸，服务于资本家及整个资产阶级，这一逻辑导致了社会的严重两极分化现象。可以说，西方现代化道路的发展目标与“资本自诞生之日起，便从头到脚，每个毛孔都滴着血和肮脏的东西”这一论断紧密相连，其本质决定了其无法摆脱历史的局限性。尽管二十世纪五十年代兴起的“福利主义”被视为西方发达国家的一次调整，甚至被认为高福利政策打破了“资本剥削人”的魔咒，但实质上，“福利主义”并非西方现代化道路的突然转向，而是劳资关系紧张背景下的妥协产物，其目的在于通过福利制度强化劳动人民与现代化的依附关系，削弱其革命意志和斗争精神。这表明，西方现代化道路的发展目标从未发生改变，只是不断制造表象以迷惑外界。

与中国式现代化道路的发展目标形成鲜明对比的是，中国始终把全体人民共同富裕作为发展目标，这也是我国在发展中能够取得显著成就的关键因素。全体人民共同富裕不仅是中国人民的深切期望，也是中华民族千百年来梦寐以求的美好愿景，更是中国共产党艰苦奋斗的崇高理想，为中国式现代化道路提供了价值导向和精神动力。这一目标彰显了中国式现代化道路的社会主义优势，倡导勤劳致富、合法致富、先富带动后富，在扩大经济总量的基础上，通过一系列制度设计确保公平分配，实现公平与效率的和谐统一，让发展成果惠及每一个人，增强人民的幸福感、获得感和满足感。共同富裕并非一成不变的固定模式，而是需要根据时间、地点和人的不同情况进行动态调整。面对我国发展不平衡不充分的现实问题，中国式现代化道路所追求的全体人民共同富裕，必然是基于实际情况的、有差异的富裕，而非全国范围内“一刀切”“一道杠”的富裕。

自 2019 年我国人均 GDP 突破 1 万美元，正式迈入中等收入国家行列以来，同时也面临着“中等收入陷阱”的挑战。如何跨越这一陷阱以及跨越之后如何持续发展，成为亟待解答的问题，而实现全体人民共同富裕正是这一问题的答案。全体人民共同富裕并非一次性实现的富裕状态，而是具有发展性、共享性与可持续性的富裕理念。在中国式现代化道路的发展进程中，我们应致力于让现代化建设成果更多更公平地惠及全体人民，提升城乡之间的均衡性、区域之间的协调性以及部门之间的包容性，增强经济活力和发展韧性，从而加速形成创新力与竞争力并重的高质量发展模式。通过构建更加科学完善的收入分配体系，让财富尽可能流向人民，以构建效率与公平并重、发展与分配并行的新发展格局，在高质量发展中逐步实现共同富裕，跨越“中等收入陷阱”。

（三）本质特征：物质文明与精神文明相协调

在西方现代化国家的语境下，存在着一类人，他们缺失了精神生活，且全面丧失了否定性、创造力及批判精神，这类人被马尔库塞命名为“单面人”。他提出，在高度发达的西方现代社会结构中，人的精神层面遭受了物质的深度压抑与扭曲，最终导致了个体与其异化状态之间的融合与消解。换言之，西方现代化进程在推动生产力高速发展的同时，过度崇尚个人感官体验，从而催生了物质享乐主义、消费主义、极端个人主义等一系列社会思潮，这使得物质文明与精神文明之间的平衡被严重打破，并出现了如“嬉皮士”这样的文化象征，对人们的人生观和价值观构成了深刻的冲击。

相对而言，中国式现代化道路从根本上秉持着物质文明与精神文明协调发展的核心理念。自中华人民共和国成立以来，我国一直致力于建设成为一个兼具现代工业、现代农业和现代科学文化的社会主义国家，这一愿景将精神文明与物质文明置于同等重要的地位。步入社会主义建设的新时期，中国共产党坚决执行“两手抓，两手都要硬”的战略方针，在多个重大会议上不断阐述物质文明与精神文明协调发展的必要性和必然性，并确立了指导两者协调发展的基本原则。

自党的十八大召开以来，党中央着重强调，应以辩证、全面、平衡的视角来妥善处理物质文明与精神文明之间的关系，将精神文明建设深度融入“四个全面”战略布局、“五位一体”总体布局以及中华民族伟大复兴的全局战略之中，旨在实现物质文明与精神文明之间的均衡发展与相互促进，不断巩固物质基础并丰富精神生活。在此背景下，中国式现代化道路的探索过程中，既注重生产力的提升，以进一步充实人民美好生活的物质基础，又大力倡导中华民族的传统美德，加强青年信仰教育，传承并弘扬红色精神，从而促进人的自由而全面的发展。

（四）主要特征：人与自然和谐共生

针对全球变暖的挑战，西方发达国家提倡通过减少碳排放来达到碳中和的目标。然而，有一种观点认为这实际上是西方国家为制约发展中国家发展而设下的“气候变化陷阱”，因为西方的现代化进程似乎已经表明经济发展与生态保护之间存在着难以调和的矛盾。尤其是美国，以“严苛的财政和经济压力”为理由退出了《巴黎协定》，这进一步揭示了资本主义制度下经济与环境难以平衡的现实困境。

相比之下，在过去的十年里，中国在节能减排方面取得了显著的成果。到2021年，我国单位国内生产总值的能耗相较于2012年累计下降了26.4%，而仅以年均3.3%的能源消费增长速度支撑了年均6.6%的GDP增长速度，实现了节能减排与经济发展的同步推进。与此同时，我国的生态环境也得到了显著的改善，江河湖泊和海洋的环境质量持续提升，环境设施的建设标准、效率和质量也得到了进一步的提高，城乡的人居环境变得更加优美，乡村与城镇之间的环境质量差异也在逐渐缩小。更重要的是，我国还建立了一套涵盖预防、治理、考核与监督的全方位生态文明建设和生态环境保护制度，并严格实施了一系列体制机制，包括中央生态环境保护督察、生态文明建设目标的评价考核和责任追究、生态环境损害赔偿等，为生态文明建设提供了坚实的制度保障。

从这些实践中可以看出，中国式现代化道路秉持着“尊重自然、顺应自然、保护自然”的发展理念，致力于实现经济发展与生态保护的和谐统一，并积极践行“人与自然生命共同体”“绿水青山就是金山银山”等生态理念。这不仅从根本上缓解了自然生态和社会发展之间的紧张关系，为中华民族的可持续发展绘制了蓝图，也为其他发展中国家提供了跨越“气候变化陷阱”的中国智慧和中国方案。

（五）鲜明特征：走和平发展道路

回顾西方现代化的历史进程，不难发现其中充斥着暴力与冲突。西方国家通过开拓全球市场，实现了对未开化或半开化国家的统治，使东方受制于西方。这一过程中伴随着殖民扩张和对外侵略，给亚洲、非洲、美洲的人民带来了深重的苦难，导致国家蒙羞，文明受损。在此背景下，一些西方学者基于丛林法则的强盗逻辑与“强权即正义”的价值观，编造了“修昔底德陷阱”的概念，认为新兴大国的崛起必然会挑战守成大国的地位，从而引发两者之间的冲突甚至战争。他们借此宣扬“中国威胁论”，指责中国快速发展正在加剧世界的不稳定性。然而，在推进现代化建设的过程中①，中国共产党追求合作共赢、携手共进，摒弃了侵略殖民和剥削压迫，超越了西方现代化道路中二元对立的思维模式，形成了鲜明的道路特征——坚持和平发展的道路。

从历史逻辑的角度来看，中华文明一直秉持以和为贵、海纳百川的交往理

---

① 张志飞. 中国式现代化道路的核心要义与价值意蕴研究［D］. 汉中：陕西理工大学，2023：35.

念，注重相互学习、相互借鉴、包容并蓄，致力于实现睦邻友好、和谐共处的愿景。中国人的血脉中并没有称霸、穷兵黩武的基因，坚持和平发展的道路既是对中华优秀传统文化的继承和发扬，也是中国人民热爱和平的精神体现。从现实逻辑的角度来看，中国之治与西方之乱形成了鲜明的对比，国际格局呈现出东升西降的总体趋势。这足以说明中国坚持走和平发展的道路是站在道义和历史正确的一边，得到了世界上越来越多国家的赞同和支持，为全球繁荣和稳定作出了积极贡献。从实践逻辑的角度来看，新中国成立以来，中国从未主动挑起任何一场战争和冲突，并积极开展对外援助，是联合国维和行动的第二大出资国和派出维和人员最多的联合国常任理事国。同时，中国坚持互利共赢的开放战略，先后加入亚太经合组织、上海合作组织、中国-东盟自由贸易区等国际合作组织，为推动世界经济发展作出了巨大贡献。可以说，坚持和平发展的中国式现代化道路是基于我国实际国情和世界发展潮流的必然选择，成功跨越了“修昔底德陷阱”，打破了“国强必霸”的大国崛起模式，为文明之间的交流、互鉴、共存描绘了广阔的前景。

三、中国式现代化道路的推进原则

（一）政治上坚持和加强党的全面领导

党的二十大报告指出：“中国式现代化，是中国共产党领导的社会主义现代化，既有各国现代化的共同特征，更有基于自己国情的中国特色。”[①] 坚持并强化党对中国式现代化道路的领导核心作用，旨在确保党中央的思想引领、政治导向和行动部署全面渗透于中国式现代化的每一阶段，以保障其能持续稳定地朝正确方向迈进，最终实现建成社会主义现代化强国的宏伟目标。

在推进过程中，首要任务在于增进并强化党对中国式现代化道路的理论创新力度。中国的这场深刻社会变革，并非对我国历史文化的简单复刻，亦非对马克思主义经典理论模板的机械套用，更不是对其他国家社会主义实践或国际现代化

① 中共中央党史和文献研究院. 习近平关于中国特色大国外交论述摘编［M］，北京：中央文献出版社，2020：127.

模式的直接复制。自“四个现代化”建设目标的提出，历经“三步走”发展战略的制定，直至党的二十大报告对中国式现代化的全面阐释，中国共产党在百年的奋斗历程中不断推动现代化理论的创新与发展，深化了对中国式现代化道路的理解与把握，使得中国在短短数十年间便走完了其他国家历经数百年才完成的现代化历程。因此，立足于新时代新征程的历史新起点，我们必须进一步深化和加强党对中国式现代化道路的理论创新，积极主动探索现代化的新路径，为中华民族的伟大复兴提供明确的方向指引。

同时，强化现代化人才的培养与队伍建设同样至关重要。党的二十大报告明确提出，要实施科教兴国战略，以增强现代化建设的人才基础，为中国式现代化道路注入强劲的创新动能。为此，党必须将人才培养提升至国家现代化发展战略的核心位置，致力于构建高效、实用且科学规范的人才选拔与培养体系。这既要求关注国内人才的培育与成长，也强调吸引国际人才的加入，形成汇聚全球英才的良好态势。与此同时，还需打造一支善于识人、用人的领导干部队伍，让各类人才能够充分展现其创新活力与智慧潜能，为中国式现代化道路构筑坚实的智力支撑。

（二）方向上坚持中国特色社会主义道路

在方向选择上，我们矢志不渝地坚持走中国特色社会主义道路，这条道路植根于我国深厚的国情土壤，是经过长期探索与实践验证的正确抉择，是引领人民创造美好生活、实现中华民族伟大复兴梦想的必由之路。坚持走自己的路，坚守中国道路，不仅是我们党理论和实践的坚实基石，也是党历经百年奋斗所凝结的历史智慧，必须毫不动摇地持续前行。

坚定道路自信，为中国式现代化道路提供了明确的路径导向。党带领人民历经曲折、觉醒、实践与创新，秉持着无畏牺牲、勇于开拓的奋斗精神，成功开辟了中国特色社会主义道路。历史的实践充分证明，这条道路紧密贴合我国实际，是实现第二个百年奋斗目标的必然选择。步入新时代新征程，我们更应增强道路自信，紧密团结在党中央和政府的领导之下，向着全面建成社会主义现代化强国、实现民族复兴的伟大目标奋勇迈进。

同时，坚定理论自信是中国式现代化道路的思想灯塔。中国共产党始终注重与时俱进地发展马克思主义科学理论，形成了理论强党的独特优势和光荣传统。在探索中国式现代化道路的历程中，党不断推进马克思主义的中国化与时代化进程，丰富并发展了党的理论宝库，为我国现代化进程提供了前瞻性的思考、全局性的谋划以及整体性的布局。迈进新时代新征程，我们必须坚守理论自信，高举中国特色社会主义伟大旗帜，以科学的理论体系为思想引领，不断巩固我国现代化的理论基础，确保现代化建设始终保持战略的高度和战术的强度。

此外，坚定制度自信是中国式现代化道路的重要支撑。国家的发展离不开制度的坚实保障和有力支撑。自新中国成立以来，尤其是改革开放的深入实施，中国共产党致力于构建一套与现代化建设相匹配的制度体系，逐步确立了党的领导制度、人民当家做主的民主政治制度、社会主义市场经济制度等社会主义基本制度，确保了中国式现代化道路的长远规划、一致方向、连续战略，充分展现了中国特色社会主义的科学性和创造性。历史和现实均证明，中国式现代化道路之所以能够稳步前行，与中国特色社会主义制度有着紧密的内在联系。步入新时代新征程，我们应进一步坚定制度自信，稳步推进“五位一体”总体布局和“四个全面”战略布局的实施，为我国现代化发展提供坚实的制度保障。

最后，坚定文化自信是中国式现代化道路的价值导向。文化自信是更为基础、广泛和深厚的自信，是民族和国家发展与进步的精神源泉。中国共产党带领中国人民在创造和拓展中国式现代化道路的过程中，不断激发中华民族独特的文化基因，持续增强民族的志气、骨气和底气。中华优秀传统文化已深深融入中国式现代化道路之中，为我国现代化赋予了独特的文化内涵。面向新时代新征程，我们应更加坚定文化自信，充分发掘建设发展过程中的文化底蕴，为我国现代化发展提供为人民谋幸福、为民族谋复兴、为世界谋大同的价值导向。

（三）立场上坚持以人民为中心的发展思想

全心全意为人民服务，是无产阶级政党与其他政党相区分的显著标志，也是我们党能够持续前行、取得成功的关键要素。这一观点着重强调，在全面建设社会主义现代化强国的进程中，人民是推动其发展的核心力量。这一重要观点深刻揭示了现代化建设与人民之间的紧密联系，指出现代化建设的基石在于人民。在党的卓越领导下，我国现代化建设始终坚守人民立场，将人民对未来幸福生活的向往融入国家发展之中，不断满足人民的需求，致力于提升人民的获得感、幸福感和安全感。

在成果分配上，中国式现代化道路所取得的成就必须惠及全体人民。马克思曾深刻指出，过去的历史运动往往局限于少数人，或为少数人的利益而展开。相比之下，无产阶级的运动则代表广大人民的利益，是为绝大多数人谋福利的独立运动。这从根本上规定了无产阶级及其政党必须将为人民谋利益作为根本任务。作为无产阶级政党，中国共产党始终将人民利益放在首位，将人民群众置于现代化建设的核心位置，着力解决人民生活需求与当前发展不平衡之间的主要矛盾，致力于消除贫富差距，推动社会公平正义，促进共同富裕取得更加实质性的进展，为人的全面发展奠定坚实基础。

在参与层面，必须坚定地认为人民是中国式现代化道路的积极参与者。唯物史观明确阐述，人民群众是历史的创造者，是推动历史发展的主体力量。中国共产党在继承并发展马克思主义群众史观的基础上，进一步凸显了人民在中国革命和社会主义建设中的重要作用。自改革开放以来，我们党始终紧紧依靠人民，充分激发广大人民群众的积极性、主动性和创造性，为中国特色社会主义理论和实践的推进提供了源源不断的动力。站在新的历史起点上，我们党将继续把人民至上作为思想的最高准则，始终依赖人民、团结人民，广泛动员和组织人民参与到中国式现代化道路的建设中来，汇聚各方英才为现代化建设贡献智慧和力量，为实现民族复兴凝聚强大力量。

在评价标准上，必须坚持人民是中国式现代化道路的最终评判者。中国共产党百年的历史经验已经充分证明，“让人民监督政府”不仅是避免历史周期率的有效途径，也是党长期执政的重要保障之一。衡量一切工作的根本标准在于人民的支持度、满意度和关注度的高低。党领导的中国式现代化道路必须始终坚持以人民为中心的发展理念，将人民生活质量是否提高、社会公平正义是否得到完善、人民的物质需求、精神需求、健康保障等民生福祉是否得到提升作为现代化建设的检验标准，努力交出一份让人民满意的成绩单。

（四）理念上坚定全面深化改革开放

改革开放不仅标志着中国特色社会主义的开端，也揭开了社会主义现代化发展的新序幕。改革开放是当代中国命运的关键转折，对于达成“两个一百年”奋斗目标及实现中华民族伟大复兴具有至关重要的意义。从整体上看，作为推动我国持续发展与进步的重要战略措施，改革开放在诸多制度构建上起到了核心作用，尤其在政治、经济、文化等领域的制度上实现了根本性的革新、全面的重构和总体的建构，为中华民族伟大复兴奠定了坚实的制度基石。在新的发展阶段，我们应当全面贯彻落实深化改革开放的策略，持续发挥“中国道路”的独特优势，有效防范并化解重大风险，统筹国内国际两个大局，以中国式现代化道路引领全球发展潮流。

一方面，坚持全面深化改革开放，旨在为中国式现代化道路提供稳固的制度保障。这具体体现在坚持我国的基本经济制度上，既要毫不动摇地巩固和发展公有制经济，又要毫不动摇地鼓励、支持、引导非公有制经济的发展，同时充分发挥市场在资源配置中的决定性作用，深化要素市场化改革，以充分释放经济增长的潜力。另一方面，坚持高水平对外开放，既要优化政策环境以吸引更多外商来华投资，又要持续扩大内需，推动国内国际双循环模式的健康发展，并在此基础上稳步扩大规则、规制、管理、标准等制度型开放，以进一步提升我国经济的韧性和国际竞争力。由此可见，深化改革开放蕴含了两层深刻的内涵，即将对内改革与对外开放高度统一起来，前者为后者奠定坚实的基础，后者为前者提供强大的动力，两者共同巩固和完善中国特色社会主义制度，为中国式现代化道路提供坚实的制度支撑。

同时，坚持全面深化改革开放，也是为中国式现代化道路扫清前行障碍的关键所在。新时代十年的实践已经充分证明，在中国共产党的坚强领导下，坚持走中国特色社会主义道路，坚持改革开放，是破除现代化进程中体制机制障碍的有效途径，也是增强现代化内在活力、削弱外在压力的关键所在。在实现第二个百年奋斗目标的新征程上，中国式现代化道路将遭遇更多的风险和挑战，我们必须以党的思想理论为指引，高度统一全党全国全军的意志和行动，全面提升各项思维能力，更好地解决党内存在的突出问题、人民关切的问题以及发展稳定的问题，确保深化改革开放始终沿着正确的方向不断前进，清除现代化道路上的一切障碍。

（五）行动上坚持发扬斗争精神

发扬斗争精神，历来是中华民族和中国共产党不断取得辉煌成就的关键要素，也是中国共产党人必须坚守的行动准则，更是克服精神懈怠、永葆生机活力的重要途径。近年来，党的重要会议和文件屡次强调发扬斗争精神的重要意义。2016年，中央政治局民主生活会指出，在新形势新挑战面前，必须发扬斗争精神。2017年，十九大报告明确提出要发扬斗争精神，增强斗争能力，不断取得伟大斗争的新胜利。2022年，二十大报告再次重申发扬斗争精神的重要性，并号召全体党员必须勇于斗争、善于斗争，通过顽强斗争开创现代化建设的新篇章。

在中国式现代化道路的推进过程中，坚持发扬斗争精神，首要的是要确保斗争方向的正确性。共产党人的斗争是有明确方向、坚定立场和严格原则的，其核心就是坚定不移地维护中国共产党领导和我国社会主义制度。在此基础之上，我们必须坚决与任何危害中国共产党领导、我国社会主义制度、国家主权、安全、发展利益、核心利益和重大原则、人民群众切身利益以及实现强国目标和民族复兴的五个方面的风险挑战进行斗争，并取得最终的胜利。

同时，在中国式现代化道路的推进过程中，坚持发扬斗争精神还需要我们深入理解和把握斗争的科学规律。实践经验告诉我们，只有从事物发展规律的高度去认识和把握斗争，才能避免无谓的斗争。在中国式现代化道路的进程中展开伟大斗争，一方面需要我们持续更新党的理论，坚持在实践中不断推进马克思主义的中国化时代化，切实贯彻党的政策路线方针，运用马克思主义的立场观点方法，增强进行伟大斗争的紧迫感、责任感和使命感；另一方面，我们需要从中国实际出发，自觉认识和掌握科学规律，正确运用规律，主动应对各类风险挑战，在复杂的斗争中不断锤炼意志、淬炼思想，努力提升斗争的能力和实效。

此外，在中国式现代化道路的推进过程中，坚持发扬斗争精神还需要我们培养敏锐的斗争意识。斗争精神的外在表现是以斗争意识的形成为前提的，因此，发扬斗争精神就必须注重培养敏锐的斗争意识。在推进中国式现代化道路的过程中，我们需要提前分析研判潜在的风险，判断风险可能爆发的地方及其发展趋势，做到早发现、早预警、早解决。同时，我们不仅要高度警惕“黑天鹅”事件，也要防范“灰犀牛”事件，充分利用现代数字科技手段构建风险监测系统，根据不同等级的风险制定相应的预案，着力挖掘风险的源头，坚决将风险控制在萌芽状态。在各类风险控制的过程中，我们要及时调整斗争策略，提高斗争的质量，增强斗争的效率。

第三节　中国式现代化道路的中国特色

中国式现代化道路在人类现代化历史进程中占据着举足轻重的地位，它不仅体现了全球现代化发展的普遍特征，遵循了人类社会演进的普遍规律，还紧密结合中国实际国情，进行了富有创造性的发展，彰显出独特的内在逻辑和特殊规律。

一、中国式现代化道路是以党的领导作为政治保障的现代化道路

回顾近代历史，中华民族曾面临深重的民族危机，推进现代化成为民族复兴和社会发展的核心议题。尽管众多先驱者尝试了各种现代化模式，但均未取得成功。中国共产党的成立，为中国现代化建设翻开了崭新的一页。中国式现代化是在中国共产党领导下的社会主义现代化，党是引领中国式现代化的核心力量，也是中国革命、建设和改革开放取得胜利的关键因素。

党的领导确保了发展目标得以稳步实现。在新民主主义革命时期，党带领人民完成了救亡图存的历史使命，打败了外国侵略者，推翻了“三座大山”，实现了民族解放和国家独立，为中国式现代化的启动奠定了根本的社会基础。在社会主义革命和建设时期，党领导人民实现了国家兴盛的伟大任务，制定了过渡时期的总路线，完成了“三大改造”，为中国式现代化道路的发展奠定了制度与物质基础。进入改革开放和社会主义现代化建设新时期，党引领人民开启了改革开放的伟大征程，构建了社会主义市场经济体制和对外开放的新格局，为中国式现代化建设的平稳推进提供了必要的物质条件和实践基础。随着中国特色社会主义进入新时代，党带领人民奋力拼搏、开拓创新，在理论与实践上实现了创新性突破，进一步巩固了物质基础，为中国式现代化建设的持续发展注入了强大的动

力。近百年来，党始终立足于中国国情，明确了发展目标，稳步推进中国式现代化道路建设，并取得了举世瞩目的伟大成就。

同时，党的领导也确保了社会政治的长期稳定。社会政治的长期稳定是国家和民族推进现代化事业的基石，这需要一个强有力的政党来引领全社会成员共同为现代化事业而奋斗。中国共产党自成立以来，始终把人民利益放在首位，在推进中国式现代化道路的进程中始终坚持共同富裕的道路，把改善民生、增进人民福祉作为处理经济发展与社会稳定关系的关键。在不断完善中国特色社会主义制度、推进国家治理体系和治理能力现代化的过程中，党保障人民群众通过多种途径和形式合法地参与国家治理，充分激发了人民群众的积极性与创造性，凝聚了亿万人民的力量，推动了中国现代化事业的发展。中国共产党领导的中国式现代化道路将现代化的发展与社会的和谐稳定紧密结合，在取得一系列历史性胜利的同时，也确保了全国范围内民族团结、人民幸福、社会安宁的良好局面，从而维护了社会政治的长期稳定。

二、中国式现代化道路是以人民为中心作为价值取向的现代化道路

人民是历史的缔造者，是党和国家前途命运的根本决定力量。在中国式现代化道路的演进过程中，人民群众扮演着实践主体和根本推动力的角色，其作用是举足轻重的。这条现代化道路，明确地将人民放在了中心位置。

坚持人民至上是中国共产党一贯秉持的基本政治立场。在社会实践活动中，人民群众是创造历史的主体力量，而马克思主义最为鲜明的特征便是其人民性，将人民利益放在首位是马克思主义唯物史观的内在要求。自中国共产党成立以来，党始终站在最广大人民的立场上，将最大限度地维护最广大人民的根本利益作为自己的责任。党的根本宗旨是“全心全意为人民服务”，一代又一代的共产党人将“为中国人民谋幸福、为中华民族谋复兴”作为自己的初心和使命。中国共产党植根于人民，在实践中不断实现、维护和发展最广大人民的根本利益。

在中国式现代化建设的历程中，“以人民为中心”始终是一条贯穿始终的主线。在新民主主义革命时期，中国共产党根据我国新民主主义革命的基本国情和社会阶级结构，将亿万人民群众作为革命的主体和力量，紧紧依靠人民，发挥其不可战胜的磅礴力量，最终取得了抗日战争的胜利。在社会主义革命和建设时

期，人民当家作主的地位通过人民代表大会制度的政体、人民民主专政的国体在社会主义政治制度中得到了充分的体现和保障。进入改革开放和社会主义现代化建设新时期，人民日益增长的物质文化需求促使我国加快经济发展，保障人民的根本利益、提高人民群众的生活水平成为了改革开放的根本动力。当中国特色社会主义进入新时代，为人民谋幸福、为民族谋复兴成为了中国式现代化道路的出发点和落脚点，围绕“以人民为中心”进行了一系列科学的规划和部署，稳步推动全体人民共同富裕的实现。回顾百年的党史，“以人民为中心”的价值取向始终贯穿于中国式现代化道路的建设进程中。

三、中国式现代化道路是以全面协调发展为行动指南的现代化道路

中国式现代化道路是一个涉及多重维度和关系的综合体系，它涵盖了人与自然、人与社会以及人类自身之间的现代化进程。该道路从经济、政治、社会、文化、生态文明建设等多个层面出发，致力于推动人的全面发展与社会的整体进步，展现了一条注重全面协调发展的现代化路径。

实现现代化的核心在于全面协调发展。与西方现代化相比，后者往往过于追求资本利益的最大化，导致内部发展失衡，成为社会矛盾的主要根源，并引发一系列社会问题及不良后果。尽管物质文明的快速发展是现代化的一个显著特征，但它并不是衡量现代化建设的唯一标准。在推进现代化的过程中，必须综合考虑政治、生态等多个层面的因素，建立多维度的评估体系，以全面衡量现代化的发展水平。根据马克思主义社会有机体理论，只有人与自然、人与社会以及社会的各个领域、各个因素、各个方面都实现全面协调发展，才能真正实现人类社会的整体进步。

在中国式现代化道路的实践中，全面协调发展的理念得到了进一步的深化和拓展。在中国共产党的领导下，人民在百年的探索进程中不断应对发展中的问题，对现代化的认识也不断深化。这使得“现代化”的概念内涵更加丰富，其外延也更加广泛。从战略总体布局来看，中国式现代化的布局经历了从“两手抓”到“三位一体”，再到“四位一体”，最终形成了“五位一体”的战略布局。这一转变实现了从较为单一的现代化到全面现代化的跨越。在发展的整体性上，中国式现代化强调一个民族都不能少的理念，坚持全面发展的现代化观。而在发展

的协调性方面，党的十八届五中全会提出了“新发展理念”，其中“协调”作为核心理念得到了深入贯彻。为此，国家相继实施了一系列改革举措，包括新型城镇化建设、东北振兴战略、新农村建设、乡村振兴战略以及以城带乡等。在2013-2021年间，中西部地区的发展速度超过了东部地区，2021年西部地区人均地区生产总值增长至62596元，与东部地区的相对差距从1∶1.87缩小至1∶1.67，发展差距逐渐缩小[①]。中国式现代化道路在追求全面性的同时，持续推动协调发展，提升了发展的质量，更好地满足了人民对美好生活的追求和向往。

第四节　中国式现代化道路的价值意蕴

一、中国式现代化道路的情感内涵

中国共产党作为一支使命型政党和情感型政党，其政治情感深刻影响着党的发展历程。在中国式现代化道路的演进中，凸显了中国共产党多方面的情感内涵，凸显了其独特的情感价值。这条道路始终将建设强大国家和民族复兴作为最高目标，彰显了党的民族责任感；坚定不移地坚持“四个自信”，表现出党的政治自信心；敢于正视历史、总结历史经验，展现了党的历史敬畏之情。

（一）体现了中国共产党的民族担当之情

中国共产党在理论的指导下通过长期实践开辟并发展了中国式现代化道路，这一过程中，我们党时刻牢记民族复兴的历史责任，展现了历久弥坚的民族担当之情。新民主主义时期，中国共产党就已经自发意识到现代化对实现民族独立的重要性，装备现代化、军队现代化等表述开始出现在党的文件中。中华人民共和国成立后，中国共产党对现代化有了更为深刻的认识，认为要通过“四个现代化”让我国顺利完成社会转型，并开始进行现代化国家建设。改革开放以来，中国共产党提出“中国的现代化”，从不同领域对现代化内涵展开了全面拓展，现

① 权丽华，周可欣. 中国式现代化道路的中国特色及现实意义［J］. 南方论刊，2023，(10)：27-29.

代化建设由此与民族复兴相联系。

中国共产党的民族担当不仅体现在推动国家现代化的战略决策上，还体现在其不断努力改善民生、提高国民福祉的具体行动中。特别是在党的领导下，中国成功实施了大规模的扶贫工程，将数亿人口从贫困中解救出来，这在全球历史上是前所未有的成就。这种对人民基本生活的关怀和改善，不仅展示了中国共产党的民族责任感，也是其社会担当的具体体现。

此外，中国共产党在维护国家主权和领土完整方面也显示了坚定的民族担当。面对国际复杂局势和内外挑战，党始终坚持国家利益至上，努力维护国家的独立和安全。这种坚持不仅保证了中国的稳定发展，也为世界和平与发展作出了重要贡献。

（二）体现了中国共产党的民族责任担当

推动强国建设和实现民族复兴是中国式现代化道路始终不渝的最高目标，体现了我们党的民族责任担当。历史上，中国共产党在理论的指导下通过长期实践开辟并发展了中国式现代化道路。在这一过程中，我们党时刻牢记民族复兴的历史责任，展现了日久弥坚的民族责任担当。在新民主主义时期，中国共产党就已经自发意识到现代化对实现民族独立的重要性，并着手进行现代化国家建设。进入新时代，中国共产党继续坚持走中国式现代化道路，持续推动强国建设，不断创造新的奇迹，为满足自身发展的同时贡献于世界，向着民族复兴阔步前进。正是源自中国共产党对中华民族的深厚情感和对实现民族复兴的使命担当，才能使中国式现代化道路的活力永远存在，并在现代化建设的伟大实践中进一步彰显民族责任担当。

中国共产党的民族责任担当也深刻体现在对国家治理体系和治理能力现代化的持续推动上。面对快速变化的国内外环境，党不断优化政治体制，推进法治建设，强化公共服务和社会管理，以提高国家治理效率和公信力。这些举措确保了中国政治的稳定性和社会的有序性，为经济发展和社会进步提供了坚实的基础。

在国际舞台上，中国共产党展现的民族责任担当同样明显。作为世界上人口最多的国家和第二大经济体，中国在全球治理中发挥着越来越重要的角色。通过参与和推动多边机构和国际合作，中国积极为处理全球性问题提供中国方案，这不仅展示了中国的国际责任感，也体现了党的全球视野和大国担当。

此外，中国共产党在促进全球经济一体化中也扮演着关键角色。通过倡导开放的全球经济政策，推动“一带一路”等重大国际合作项目，中国助力于推动全球贸易和投资自由化和便利化，这些行动有助于促进全球资源优化配置，增进各国互利共赢，推动构建人类命运共同体。

中国共产党的民族责任担当还表现在推动科技进步和教育普及上。通过大力投入科研和教育，中国不仅极大提升了自身的科技创新能力和教育水平，也通过各种国际科技教育合作项目，支持其他发展中国家提升科技教育能力，减少全球发展不平衡。

这些举措和成就都清晰地展示了中国共产党在民族复兴道路上的坚定意志和持续努力。正是通过这些综合性的发展和国际合作，中国共产党不仅推动了中国的现代化进程，也为全球的和平与发展作出了重要贡献。这种由内而外的责任担当，确保了中国在迈向民族复兴的道路上行稳致远，同时也赢得了国际社会的广泛尊重和认可。

（三）体现了中国共产党尊崇历史

实践证明，中国式现代化既切合中国实际，体现了社会主义建设规律，也体现了人类社会发展规律。中国共产党开辟中国式现代化道路的重要原因之一在于党怀着对历史的崇敬之情，尊重历史发展规律，自觉按照历史的脉络开展事业。

首先，我们党认识到社会主义建设规律在中国式现代化道路探索中的关键作用。党心系人民，理解每个时期现代化建设的发展规律，推动我国现代化建设全面展开。中国式现代化道路的成功探索证明了在发展过程中必须尊重历史规律。

其次，我们党对人类社会发展规律的深刻认知是中国式现代化道路的必然结果。马克思的“三种社会形态”论为社会主义发展指明了方向。

基于此，中国共产党以正确的历史观引领中国式现代化道路的发展，总结历史经验，积蓄发展动力，把握历史大势，洞察未来发展。因此，我们党在尊重历史发展规律和科学运用的基础上开创了中国式现代化道路，生动展示了党的历史敬畏之情。

二、中国式现代化道路的时代意义

在新的征程中，把握住中国式现代化道路的科学内涵，坚持走好中国式现代化的道路，以中国式现代化全面推进中华民族伟大复兴，具有重要的时代价值。中国历史性地完成了全面建成小康社会决胜阶段任务，在“两个一百年”的目标交会、踏上第二个百年奋斗目标的新征程时，中国式现代化道路被赋予了重要的意义，在这一重要的历史阶段将要承担起相应的历史任务，并坚定不移地走好中国式现代化的道路。中国式现代化道路的时代意义体现在理论价值和实践价值两个方面。中国式现代化道路取得的成果和未来的发展目标将极大地影响世界格局，为发展中国家开辟出一条新的通向现代化的道路。通过中国式现代化道路的推进，构建人类命运共同体，将新形态的人类文明传播到全球，与全球人民一同创造一个更加美好、更高水平、全方位的现代化新世界，使全世界人民都能享受到现代化的文明成果。

（一）中国式现代化道路的理论意义

在实践中，中国式现代化已取得显著成就，并被证明是适合中国国情的独特道路。总结现代化建设实践经验，完善中国式现代化理论，对于进一步引领中国的现代化建设具有重要意义。与西方现代化理论相比，中国式现代化在价值取向和发展方式上有显著差异，未来的现代化目标也将有着巨大不同。中国凭借人民智慧解决了落后国家实现现代化的难题，对现代性弊端的批判和超越使得中国式现代化理论在全球解决现代化挑战方面具有重要价值。

1. 构建中国式现代化发展理论框架

中国式现代化发展理论体系在不断完善中显现出独特的特色和优势。通过辩证唯物主义和历史唯物主义的指导，结合中国实际情况，中国式现代化理论框架超越了西方现代化范式，凝聚了党的二十大提出的关键理念和战略安排。在 21 世纪的大历史观下，中国式现代化不仅承担着引领中国崛起的使命，更是为全球现代化发展探索着新的和平路径。相较之下，西方现代化理论的局限性在于其西方中心主义，无法有效解决后发现代化国家面临的实际问题。中国式现代化的出现为解决现代化过程中的异化现象提供了切实可行的路径。

2. 为后发现代化国家提供中国式现代化理论指导

中国式现代化道路的探索不仅为中国带来了巨大的发展成就，也为后发现代化国家提供了宝贵的理论指导和发展经验。在全球现代化格局中，中国的成功意味着更多人口进入现代化阵营，为世界现代化进程注入新的活力。在面对西方主导的世界体系的挑战时，中国以实际行动展示了自身的发展路径和理念，成为后发现代化国家的榜样和引领者。中国式现代化道路强调实事求是，充分考虑国情和特点，在综合考量效率和公平的基础上，不断探索适合自身的现代化发展路径，为世界发展中国家提供了一种全新的选择。

3. 丰富和发展科学社会主义理论

中国式现代化道路的发展凸显了科学社会主义理论的丰富和发展。以全体人民共同富裕为目标特征，中国特色社会主义不仅在经济、政治、文化等方面获得了显著成就，还将科学社会主义推向了新的高度。在面对西方现代化道路的挑战时，中国始终坚持自己的发展模式，以科学社会主义为指导，努力实现经济高质量发展、政治全过程民主、文化传承创新等目标。通过不断的实践探索和理论创新，中国式现代化道路不仅为科学社会主义注入了新的活力，也为世界各国提供了成功经验和可借鉴的发展路径，展现了科学社会主义理论的生命力和前景。

4. 中国式现代化的巨大贡献

中国共产党引领人民走向中国式现代化道路，不仅推进了现代化建设，还开创了人类文明新的范式，其丰富内涵将呈现更为广泛的内容。这种人类文明新形态被陈学明描述为一种“超越农耕文明和工业文明的全新文明”。在各国不断推进现代化的过程中，世界文明也在不断发展。西方现代化虽带来经济繁荣，却也伴随着一系列现实问题和对现代性的批判，但西方学界在批判和解决现代性问题上力不从心。相比之下，中国式现代化道路创造了一种全新的人类文明形态，融合了中国智慧、中华优秀传统文化和马克思主义科学理论，吸收了全球一切先进文明的精华，形成了独特的文明模式。这种新形态代表着公平、和平、发展、和谐、绿色的优质文明，能够引导人类文明向更加健康的方向发展，更符合全球人民的共同利益。因此，中国式现代化在人类文明新形态的影响下，具有更为深远的世界历史意义。

（二）中国式现代化道路的实践价值

1. 构建中国式现代化发展理论体系

中国式现代化发展理论体系已初具雏形，仍需进一步完善和丰富，结合各学科领域的进展进行深入发展。经过几代人的不懈努力，特别是新时代以来中国式现代化发展理论已初具体系，集中体现了党的二十大提出的中国式现代化的五个特色、九个本质要求、两步走战略安排，以及五个必须牢记的重大原则。坚持辩证唯物主义和历史唯物主义，区分客观现代化发展规律与资本主义发展规律，超越西方现代化范式，建构中国式现代化的理论框架。从大历史观来看，现代化发展在不同时期呈现出不同的关键词。

进入21世纪，中国崛起和中国式现代化将承担起构建现代化发展的任务，为全球现代化发展开辟新的和平发展路径。而西方现代化理论虽然声称指导新兴国家的现代化建设，实际上却充满了西方中心主义，无法解决后发现代化国家面临的现实问题。随着世界现代化进程的推进，现代化在带来文明成果的同时也带来了异化现象，而中国式现代化为扬弃异化现象提供了可能性。

2. 提供中国式现代化理论引导

在当前全球人口已经超过80亿的背景下，后发现代化国家亟须实现现代化。然而，受制于以美国为首的西方国家主导的世界体系，这些国家往往被困于金字塔底层，难以迈向现代化。中国式现代化道路的提出为这一问题提供了新的视角和解决方案。作为一个人口众多、国土广阔的发展中大国，中国通过自身的努力和实践积累，正在探索一条与西方现代化理论有所不同的道路。中国式现代化注重实事求是，充分考虑自身国情和特点，在吸收借鉴现有现代化成果的基础上，形成了独具特色的现代化发展模式。这种模式不仅在全球现代化格局中将带来革命性的改变，也为其他发展中国家提供了宝贵的经验和借鉴。

3. 推动科学社会主义的丰富与发展

推动科学社会主义的丰富与发展是中国式现代化道路的重要组成部分。中国通过不断丰富科学社会主义的理论内涵，以及在实践中积累的经验，为现代化建设注入了新的活力。在中国式现代化道路的指导下，科学社会主义得以不断发展和完善，为中国的发展提供了坚实的理论支撑和指导原则。这一过程不仅丰富了科学社会主义的理论框架，也为中国在世界舞台上发挥更大的作用提供了有力支持，同时也为后发现代化国家提供了更为有效的发展路径和指导。

4. 推动构建人类命运共同体

中国式现代化不仅关注国内发展，更着眼于全球合作，推动构建人类命运共同体。在当前世界经历百年未有之大变局的背景下，西方发达国家的一些逆全球化行为，如“脱钩”和“断链”，加剧了全球挑战。面对这种局面，中国不仅在内部推动以国内大循环为主、国内外双循环相互促进的新发展格局，以应对外部压力和挑战，同时也没有放弃与邻国和其他友好国家的合作，继续推进构建人类命运共同体的进程。

在全球化的今天，各国深度交往，人类命运紧密相连。普遍的愿望是追求和平与发展，而非战争与动荡。在科技高度发展的现代，大规模战争会带来灾难性后果，这是全人类都难以承受的。在全球共同发展的道路上，所有国家的民众都应共同努力，追求更高的发展水平，享受现代化的成果，而不应受到资本主义极端不平等的影响。世界需要的是共同进步，不是通过霸权或保护主义进行零和博弈。

作为一个负责任的大国，中国将在未来几十年内在世界现代化的进程中扮演关键角色。一方面，通过自身的发展推动全球进步；另一方面，积极帮助发展中国家实现现代化，推动建立一个更公平合理的国际新秩序。这将有助于推进世界文明朝向更美好的方向发展，并通过中国特色的现代化道路实现向共产主义的远大目标过渡。

三、中国式现代化道路的发展价值

（一）顺应时代潮流的发展途径

中国式现代化道路展现了符合时代潮流的发展途径，为中国实现现代化强国目标提供了清晰方向。随着中国完成了第一个百年奋斗目标，站在新的起点上，面对新的机遇和挑战，中国必须稳健前行，牢牢把握中国式现代化的道路。在全球化逆流与西方国家的压力之下，中国积极作为，主动应对，构建新发展格局。

这一发展策略不是封闭自守，而是因势而变，以国内市场为依托，同时寻求全球合作伙伴，保证了发展的稳定和可持续性。中国既不是要脱离全球化，也不是被动接受外部制裁，而是在全球变局中主动出击，推动构建更加公正、和平、绿色的世界秩序。作为发展中国家，中国与其他发展中国家有着共同的发展目标和诉求，始终秉持着开放包容的态度，寻求多边合作，推动构建人类命运共同体。这种中国式现代化道路的世界历史意义，不仅体现在自身发展的坚实基础上，更在于其为全球发展带来的积极影响和推动力量。

（二）中国式现代化道路的实践价值不言而喻

中国已经完成了伟大的社会主义现代化实践，从一个落后的农业国建设成为一个比较先进的工业国。这条道路既是时代主题，又是世界的借鉴。中国不仅取得了巨大的现代化发展成就，也积累了丰富的实践经验。中国式现代化强调发展实体经济，将工农业等实体产业作为主要依靠，这与西方发达国家注重金融、虚拟经济的发展有所不同。这一实践经验对于其他后发现代化国家具有重要借鉴意义，尤其是在资源依赖、金融剥削等方面面临挑战的国家。中国的实践不仅是一种成功范例，更是一种新的现代化道路探索，为全球现代化进程提供了有益启示。

（三）推动中华民族伟大复兴的全面现代化进程

中国的现代化目标已经从单纯的现代化发展转变为建设现代化强国的目标。这一全面推进的现代化进程体现在党的二十大报告中，旨在以中国式现代化的方式推动中华民族伟大复兴。这种全面发展的现代化将在各个领域推动复兴进程，实现的伟大复兴也将是全方位、高质量的。中国式现代化的道路导向复兴，包括经济体量的增长，对世界经济的影响力增强，以及政治文明和文化软实力的提升。中国式现代化的道路立足于中国当前的发展状况，并以科技创新为核心动力，逐步占据世界科技高地，实现经济高质量发展。中国以实体经济为中心，严格监管金融，并合理利用金融等手段促进实体经济的发展。通过扎实推进现代化进程，中国将逐步实现成为现代化强国的目标，并以领导者的姿态引领世界发展方向。

（四）促进建立全人类命运共同体

中国致力于推动建立全人类命运共同体，这是一个开放合作的过程。在当前全球化的大背景下，中国面对着贸易和经济上的挑战，但它坚定地构建着国内循环和国际合作的新发展格局，同时积极与周边国家加强友好合作，不间断地推进构建人类命运共同体的进程。在当今深度交流的时代，人类命运紧密相连，人们普遍渴望和平与发展，而现代化战争可能带来不可估量的后果，因此，各国人民应共同努力，争取更高的发展水平和更多的成果，让每个人都能分享现代化的红利。在中国的引领下，世界将迈向共同发展的道路，共同构建公平合理的国际秩序，推动世界文明朝着更加美好的方向发展，最终实现共产主义的崇高目标。

四、中国式现代化道路的理论价值

中国共产党团结带领人民成功创造了中国式现代化道路，深刻体现了其与时俱进、坚持创新的非凡政治智慧和卓越政治素养。中国式现代化道路具有丰厚的理论价值，这条道路在探索进程中积淀的经验不仅发展了马克思主义现代化理论，而且丰富了世界现代化理论体系，还确证了现代化道路的多样性，有力回击了“现代化=西方化”这一错误观点。

中国式现代化道路的崛起标志着现代化理论的多元化趋势。通过马克思主义现代化理论的指引，中国在独立自主、持续创新的探索中，打破了以往单一的现代化模式观念，为全球探索现代化的多元路径树立了典范。这条道路不仅在人口规模、国际关系、发展逻辑等方面与西方传统理论有着明显区别，更在实践中展示了实现现代化的新途径。中国式现代化道路的成功不仅证明了现代化道路的多样性和开放性，也为其他发展中国家提供了宝贵的经验和启示，鼓舞着各国探索适合本国国情的现代化之路。

第五章　中国式现代化的推进路径探索

第一节　中国式现代化背景下的诚信建设

一、中国式现代化背景下诚信建设的时代意义

诚信不仅是公认的道德准则，也是一种宝贵的社会资产，它在塑造社会和谐与国家稳定中扮演着核心角色。在追求社会主义现代化和中华民族伟大复兴的中国梦的道路上，提升社会文明的层次是不可或缺的。深化精神文明和诚信的水平是实现这一宏伟蓝图的关键支撑。通过加强诚信的全面建设，我们为社会的和谐发展打下坚实的基础，这对于推动现代化进程具有深远的意义。

（一）社会主义意识形态的重要性与挑战

在全球化日益加深的今天，文化交流和价值观的争论变得日益激烈，这为中国式现代化背景下的诚信建设带来了新的时代意义和挑战。“中国作为一个社会主义国家，面对西方势力的意识形态渗透和‘西化’‘分化’的策略，需要强化本土价值观和社会主义意识形态的传播和教育，以此维护国家的文化安全和价值体系的稳定。”①

诚信作为社会主义核心价值观的一部分，是构建社会主义意识形态的基石之一。在当前的国际环境下，国内外的文化碰撞和价值观冲突不断，不良的外来价值观可能对中国的道德体系构成威胁，尤其是在诚信方面。这不仅可能削弱人们的道德约束力，还可能影响社会信任水平，从而影响社会和谐和稳定。因此，加强诚信教育和建设，强化社会主义意识形态的教育和传播显得尤为重要。

---

①　官丽. 论诚信观的传承发展与新时代培育［J］. 学校党建与思想教育，2021：(23).

首先，加强诚信建设需要从教育和制度两个方面入手。在教育方面，应将诚信教育纳入国民教育体系，从小学到大学强化对诚信的教育，塑造正直的个人品质和社会责任感。同时，通过媒体、公共讲座等多种渠道普及诚信的重要性，提升公众的道德自觉。

其次，完善法律和制度也是诚信建设的关键。应通过法律规定来严惩诚信缺失的行为，如商业欺诈、学术不端等，建立健全信用记录系统，对失信行为进行记录和曝光，用制度来保障社会的诚信水平。

此外，强化社会主义意识形态的重要性在于它提供了抵御外来不良影响的思想武器和文化自信。通过教育和媒体等渠道加强社会主义核心价值观的传播，可以加强公民的国家认同感和文化自豪感，从而在根本上增强诚信建设的社会基础。

（二）社会主义核心价值观的坚持与实践

中国式现代化的进程中，诚信建设所承载的时代意义不仅体现在对意识形态挑战的回应，更在于对社会主义核心价值观的坚持与实践。中国自党的十八大以来，提出并强调了社会主义核心价值观，其中诚信作为其中之一的重要组成部分，被视为维护意识形态安全的必要举措。

社会主义核心价值观的提出旨在引领全社会的思想道德建设，弘扬社会主义核心价值观，为国家治理和社会发展提供精神支撑。其中，诚信作为核心价值观之一，不仅体现了中国政府对诚信文化的重视，也是全面推进以人为本、全心全意为人民服务的政治理念的具体体现。诚信的实践贯穿于社会的方方面面，涵盖了政治、经济、文化等各个领域，为构建公平、正义的社会提供了重要保障。

在政治层面，诚信要求政府以公正、公平、公开的原则行使权力，保障人民的合法权益，促进社会的公平正义。在经济领域，诚信要求企业家遵守市场规则，诚实守信经营，保护消费者权益，推动经济社会的健康发展。在文化层面，诚信要求媒体传播真实、客观、公正的信息，引导公众树立正确的价值观念，增强社会凝聚力和向心力。

中国式现代化背景下，诚信建设的时代意义还在于强调个体的责任与担当。在诚信建设中，每个公民都应当秉持诚实守信的原则，增强社会责任感和使命感，促进社会各方面的和谐发展。只有在每个人都自觉遵守诚信规范的情况下，才能共同构建起一个和谐稳定、繁荣发展的现代化社会。

（三）诚信建设的社会功能

诚信作为社会道德的基石，其建设在中国的现代化进程中尤显重要，因为它直接影响到国家的国际形象、市场环境的健康以及社会治理的有效性。

首先，诚信建设在促进经济发展方面发挥着无可替代的作用。一个以诚信为基础的商业环境能够吸引更多的国内外投资，降低交易成本，减少商业欺诈，从而促进经济的健康稳定发展。诚信也是现代金融体系运作的前提，没有诚信，信用体系便会崩溃，影响资金的有效配置，阻碍经济的进一步发展。

其次，诚信对社会治理同样具有深远的影响。一个诚信的社会能够有效减少政府与公民之间的监管成本，增强政府政策的透明度和公正性，提升政府的公信力。同时，公民的诚信行为能够促进法律法规的遵守，减少社会矛盾和冲突，提高社会整体的和谐度。

再次，诚信是塑造国家国际形象的重要因素。一个诚信的国家能够在国际社会中建立良好的声誉，促进国与国之间的信任，加强外交关系，扩大国际合作。这对于中国这样一个大国，特别是在积极参与全球治理、推动构建人类命运共同体的背景下，显得尤为重要。

最后，诚信建设是深化文化软实力的关键。通过教育、媒体和社会运动等多种手段普及诚信文化，不仅能够提升公民的道德水平，还能够丰富社会主义核心价值观的内涵，强化国民的文化认同感和自豪感。这种文化的力量能够帮助社会抵御不良外来文化的冲击，增强社会的凝聚力和向心力。

总之，诚信建设的社会功能在于它能够连接和促进社会主义现代化的各个方面，从经济到社会治理，从国际关系到文化建设，诚信都是实现中国现代化目标不可或缺的基础。通过全社会层面的诚信教育和实践，中国不仅能够提升国民个人道德水平，还能够推广诚信的重要性，形成全民遵守和崇尚诚信的社会氛围，巩固社会主义的意识形态基础。

（四）诚信与中国特色社会主义的未来

诚信不仅是个体行为的问题，更是社会制度和价值观念的体现，是社会经济运行的基础，也是国家形象和软实力的重要组成部分。

首先，诚信建设有助于保护和发展社会主义市场经济的健康运行。在市场经济中，信用是一种无形的资产，对于企业和个人来说至关重要。通过加强诚信教育，建立健全的信用体系和法律法规，能够有效减少商业欺诈、恶性竞争等不良行为，维护市场秩序，促进经济的良性发展。

其次，诚信建设对于政治稳定和社会和谐具有重要意义。在一个诚信的社会中，人们彼此信任、守法守规，社会矛盾和纠纷相对较少，政府的合法性和权威性得到了加强。这有助于减少社会动荡和政治风险，保障国家长治久安的稳定局面。

最后，诚信建设也是提升国家形象和软实力的重要途径。随着中国在全球舞台上的日益活跃，国际社会对中国的关注度也在增加。一个诚信的国家能够树立良好的国际形象，赢得国际社会的尊重和信任，为中国在国际事务中发挥更大的作用提供了有力支撑。因此，加强诚信建设，培育和践行诚信价值观，对于实现中国梦、实现中华民族伟大复兴的中国特色社会主义目标具有重要而深远的意义。

二、中国式现代化背景下的诚信建设路径解析

（一）加强诚信教育，巩固“自律”

加强诚信教育，强化“自律”具有重要意义。以马克思主义为理论指导，坚定理想信念，提升诚信意识，是推动社会主义诚信建设的关键。学习马克思主义基本理论是共产党人的必修课，马克思主义诚信思想的科学性、实践性、革命性特征，激励着共产党人坚定理想信念，严于律己。加强社会主义诚信建设需要以马克思主义诚信思想为理论基础，坚定诚信信念，培育诚信理念，实现对马克思主义的深入理解和贯彻。社会主义核心价值观作为引领，培育社会主义诚信观，关注培养诚信的高度自觉，落实培育社会主义诚信观，是加强社会主义诚信建设的重要举措。通过弘扬诚信文化，推动诚信教育，以及构建诚信教育协同机制，实现社会成员集体诚信认知，促进全社会形成守法的诚信自觉。加强诚信教育，强化自律，不仅是推动社会主义现代化建设的需要，也是实现中华民族伟大复兴

的必然要求。

（二）构建诚信制度，强化“他律”

确立全面依法治国，健全诚信相关法律体系至关重要。法律作为社会文明的基石，对于规范诚信行为、建立诚信制度具有重要作用。当前，诚信相关法律仍有待完善，需要加快立法进程，确保法律的权威性和适用性。同时，要提高立法的科学水平，确保法律内容明确、执行力度强，以此构建完善的法治体系。此外，推动社会成员执行诚信公约也是非常必要的，通过法律的规范和监督，引导社会成员自觉践行诚信原则，共同维护社会诚信秩序。

推动信用体系建设，增强社会成员的诚信自觉。信用体系的建设是基于道德原则和法律保障的重要社会机制，涉及广泛的社会交往领域。为此，应优化信用信息管理制度，重构信用评估制度，并构建信用联合激励制度，以促进社会成员诚信行为的养成。通过这些举措，可以更好地激发社会成员的守信意识，推动诚信建设不断向前发展。

完善诚信监督机制，提升社会成员的诚信品质。法律监督、舆论监督和机构监督等多方位的监督机制是保障社会诚信的重要保障。加强执法监督，强化舆论监督，培育多元化的社会诚信机构，都是推动诚信建设的关键举措。通过这些措施，可以加强对社会成员的诚信监督，提高诚信品质，推动社会诚信建设取得更大成就。

（三）促进先进文化繁荣，营造诚信氛围

传承中华传统美德，振奋“诚实守信”的民族精神。中华传统美德是中华优秀传统文化的核心，其蕴含的“重情”“利他”理念对民族心理和精神塑造至关重要。为了弘扬这一传统，首先应加强对优秀传统文化的宣传和教育，确保传统道德与现代教育目标的一致性。其次，可以利用经典文献来增强人们对诚信美德的认同，通过展示正面与反面的实际案例，有效引导大众内化并践行诚信价值观。最后，借鉴传统“反省”理念，自觉树立诚信观念，通过个体自省和社会规则共同发力，持续传承和弘扬中华诚信文化。

强化媒体的公信力，净化舆论氛围，传播社会正能量。公民诚信素养与社会

环境息息相关，而媒体作为信息传播的主渠道，对塑造社会价值观和诚信意识起着至关重要的作用。因此，必须加强媒体的权威性，规范媒体行业行为，保持公正、公平的报道原则。另外，要完善网络空间治理，加强网络舆论引导，传播诚信正能量，形成良好的舆论氛围。最后，“利用媒体力量倡导社会主旋律，通过多元化的报道方式传递诚信价值观，引导公众积极参与诚信建设”①。

发挥“家风家教”教育引导，养成社会成员诚信责任感。家庭教育在培养公民道德素养和社会文明程度方面具有不可替代的作用。因此，需要发挥家庭教育的文化功能，通过家风家教传承中华民族精神。同时，家长应树立先行示范，以身作则，将诚信道德内涵传递给下一代。此外，要创新家庭教育内容，结合时代进步和社会需求，丰富家风家教的内涵，将其融入学校教育和网络教育，形成多层次、多领域的诚信教育体系。

第二节　中国式现代化道路的话语体系建构

一、探索中国式现代化道路话语体系的建构方法

从辩证唯物主义和历史唯物主义的视角出发，构建“中国式现代化道路的话语体系”需紧密结合物质实践和观念形态。这一过程强调实践与话语之间的互动，认为有效的现代化路径表述必须根植于中国的实际情况与发展需求。辩证思维的核心在于识别并解决矛盾，通过把握关键节点来揭示事物的发展规律，这为话语体系的建构提供了方法论指导。在这个框架下，构建中国式现代化话语体系要坚持理论与实践的结合、历史与逻辑的统一以及事实与价值的融合，确保客观现实与主观认识的协调。通过这种综合方法，可以更全面地解读和推广中国的现代化经验，明确中国模式在全球发展中的独特价值和贡献。

（一）历史与逻辑相统一

探讨中国现代化话语体系的构建需要从辩证唯物主义和历史唯物主义的角度

---

① 丁海涛. 中国特色社会主义诚信建设研究［D］. 西安：陕西师范大学，2017：(48).

出发，这一方法论强调历史与逻辑的统一。历史作为决定性的元素，逻辑则是历史经验的精炼。这种统一不仅是过去历史事件的阐释，更是对现实发展逻辑的把握。在中国特色社会主义现代化的进程中，这种统一体现为历史发展实践与话语表达的相互作用，如同马克思和恩格斯将历史理论与实际应用结合的思想。

中国的现代化道路是在中国共产党的领导下，通过革命、建设、改革的历史时期，逐步形成的独特发展模式。这一模式的话语体系，是在理解中国长期历史实践基础上形成的，不仅反映了过去的历史经验，也指导当前的实践。中国现代化的实践和话语是在不断的历史进程中动态发展的，体现了对社会主义现代化建设规律的深化认识，同时也积累了治国理政的历史资源。

在全面构建中国式现代化道路话语体系时，必须充分挖掘这些历史资源，用以反思和指导当前的发展。这一话语体系不仅要详尽记录中国现代化的实践，更要通过理论的创新来回应新时代的挑战。通过这样的历史与逻辑相结合的方法，可以更深刻地理解和表达中国特色社会主义的本质特征，更好地把握和展示中国现代化的独特路径和成就。

最后，加强中国现代化道路话语体系的建构，是一个涵盖历史深度与理论高度的过程。这不仅需要从中国的实际出发，深入分析和总结经验，还需要在全球视野中展示中国模式的合理性和优势，增强其国际话语权。通过这种方法论上的坚持，可以有效推动中国特色社会主义现代化道路的理论自信和实践自信，为全面建设社会主义现代化国家提供坚实的理论支撑和话语保障。

（二）事实与价值相统一

唯物史观的角度出发，中国式现代化道路话语体系的构建不仅反映了物质实践的成果，还体现了观念形态的发展。这种统一体现了实践与理论的互动，是中国现代化道路成功的关键。在探索这一道路的过程中，必须坚持事实与价值相结合的方法，理解这两者在实际发展中的互动关系。

中国的现代化不仅是一个经济或技术的变革过程，更是一个深刻的文化和社会变革。这种变革融合了中国悠久的历史与独特的社会实践，形成了独具特色的现代化模式。在这一过程中，坚持事实的同时，也必须明确我们的价值导向，即发展是为了人民，强调以人民的幸福和满意度为最终目标。

中国式现代化道路的探索是在全球化背景下进行的，这要求我们既要学习借鉴国际上的成功经验，又要保持中国特色，避免简单模仿。通过将事实与价值相统一的方法论应用于现代化进程，可以更好地把握发展的方向，确保中国式现代化道路既科学又符合中国国情。

综上所述，中国式现代化的成功依赖于坚持历史与逻辑相统一的方法论基础，通过这种统一，可以有效地指导现代化的实践。这不仅涉及经济建设，还包括社会管理和文化发展等多方面，需要在坚持中国特色社会主义理论的基础上，进行创新和发展，以适应不断变化的国内外环境。

（三）理论与实践相统一

理论与实践的统一是马克思主义理论的核心方法论之一，强调在理论创新与社会实践中寻找平衡点。理论不是孤立于实际的抽象思考，而是应当成为推动社会前进的实际力量。实践是理论的来源和检验场，而理论则为实践提供方向和途径。在中国式现代化的过程中，这一原则尤为重要，因为它指导了如何根据中国的具体实际创造性地发展和应用马克思主义。

中国特色社会主义理论和实践的发展是一个相辅相成的过程。从理论上，中国继承和发展了马克思列宁主义、毛泽东思想，并结合改革开放后的实践，形成了一系列具有中国特色的社会主义理论成果。这些理论成果反过来又指导中国的社会实践，推动了经济的快速发展、政治的稳定与社会的进步。

在实践层面，中国的现代化道路体现了理论与实践的深度融合。从经济建设到社会治理，从文化繁荣到生态文明建设，中国的每一步发展都凝聚了深厚的理论准备和实践探索。这种统一不仅体现在经济领域的发展策略上，也体现在如何处理社会矛盾、推进法治建设以及响应国际变化等方面。

最终，理论与实践的统一是提升国家治理效能和现代化建设水平的关键。中国通过不断的理论创新和实践检验，形成了适合自己国情的社会主义现代化道路。未来，中国需要继续强化这一统一原则，将理论研究与实践发展相结合，以更全面、更深入地响应新时代的挑战和任务，推动国家持续健康发展。

（四）客观与主观相统一

在马克思主义哲学中，主观与客观的统一是核心观点之一，指出客观世界和主观认识之间的辩证关系。主观与客观不是孤立的，而是在实践中互相影响、互相转化的。客观条件限定了人们的行动和认知的范围，而主观活动则通过实践反作用于客观世界，改造客观世界。这一理论视角认为，真正的知识不仅仅是对客观事实的简单记录，而是在实践中对这些事实的主动探索和应用。

中国式现代化的发展过程深刻体现了主观与客观统一的原则。从历史的维度看，中国的现代化不仅仅是技术或经济结构的变革，更是文化、社会乃至意识形态的深刻转型。这一转型是在全党全国人民的共同实践中，基于中国深厚的历史文化传统和具体国情推动的。主观上，中国人民的创新精神和实践活动推动了理论的发展和完善，形成了具有中国特色的社会主义理论；客观上，这些理论又指导中国特有的社会实践，形成了符合国情的现代化道路。

未来，中国式现代化的持续推进需要更深入地实现理论与实践、主观与客观的有机统一。这要求我们不仅要继续挖掘和弘扬中国传统文化中的核心价值，还需要在全球化的背景下积极吸收和借鉴国际先进经验和智慧，形成开放、包容的现代化发展策略。同时，应加强顶层设计和理论创新，将中国式现代化的实践成果转化为国家治理和文化自信的重要资源，进一步推动中国话语体系的国际传播力和影响力，让中国智慧、中国方案为解决人类社会的共同问题提供新的视角和新的动力。

二、中国特色现代化道路话语体系的建构目标

中国特色现代化道路话语体系的建构旨在建立系统完备、科学规范、高效运行的话语表达与实践体系，通过阐释中国特色现代化道路的本质内涵、独特特色和发展逻辑，突出展示世界现代化进程中的“中国模式”，向世界展示中国现代化发展的新面貌。“这一体系强调‘中国特色’的现代化道路，同时坚持‘以中国视角看世界’和‘以世界视角看中国’的统一。在表达方式上，体现现代化表达的‘中国风格’，注重客观反映、正面宣传，服务国家大局，使之具有影响力、吸引力和感召力。构建的话语体系要彰显中国作为‘文明大国’‘东方大国’‘负责任大国’‘社会主义大国’的形象，在全球视野下塑造‘天下情怀’，

以人类命运共同体意识为核心，为现代化建设注入新动力。”①

（一）凸显中国独特的现代化发展路径

中国式现代化道路话语体系的建构旨在凸显中国独特的现代化发展路径。

这一话语体系强调从中国的历史、文化和社会实践出发，突出了中国特色社会主义发展的理论特点和实践特色。

首先，中国式现代化道路的话语体系深刻反映了中国传统文化的影响，充分发挥了传统文化在现代化建设中的指导作用，强调以中国人民的话语习惯和历史传统为基础，形成了中国特色的现代化发展理念。

其次，中国式现代化道路话语体系突破了传统的理论框架，以实践为基础，结合了马克思主义原理与中国的国情实际，创造性地构建了适合中国国情的现代化发展模式。

最后，中国式现代化道路话语体系注重与世界接轨，借鉴吸收国际先进经验，形成了开放包容的话语体系，体现了中国作为一个大国的国际责任和担当。

因此，中国式现代化道路话语体系的建构不仅是对中国传统文化的传承和创新，也是中国现代化进程中的理论创新和实践探索，为中国特色社会主义的发展提供了重要的理论支撑和实践指导。

（二）建构具有中国特色的现代化话语体系

中国特色的现代化话语体系建设旨在以中国特有的表达方式展示中国式现代化的发展模式，突显中国传统文化与民族特色在现代化进程中的独特转化与创新。该体系反映了中国人民的语言习惯和思维方式，营造了利于中国式现代化道路建设的良好话语环境。中国式现代化话语体系的建构是我国现代化发展和国际地位提升的内在需求。它不仅依托实践，还与国情相结合，创造了适合中国特色社会主义的现代化发展模式。该体系注重开放包容，借鉴吸收国际先进经验，体现了中国的国际责任和担当。因此，中国式现代化话语体系的建构不仅是对传统文化的传承和创新，也是对现代化进程中的理论创新和实践探索。它为中国特色

---

① 周欣. 中国式现代化背景下的诚信建设研究［D］. 合肥：安徽医科大学，2023：41.

社会主义的发展提供了重要的理论支撑和实践指导。

1. 以发展为中心，服务大局

中国式现代化道路有其独特的发展规律和特色，现阶段的基本国情和发展实际决定了必须坚持以经济建设为中心的路线方针。中国式现代化话语体系的建构旨在推动我国现代化道路发展，成为党和国家工作的重中之重。宣传思想工作必须围绕中心、服务大局，找准工作重点，因势而谋、应势而动、顺势而为。该体系始终围绕我国现代化建设的实践展开，通过党的新闻舆论工作，宣传我国现代化道路的历史成就和实践成效，巩固全党全国人民团结奋斗的共同思想基础。

2. 客观反映，正面宣传

中国式现代化话语体系建构依托于我国现代化道路的历史发展和具体实践，有着扎实的事实和价值支撑。要根据事实来描述事实，准确报道事实的全貌。我国现代化道路的发展历程和实践成果为话语体系建构提供了事实依据，同时也凝聚着深厚的人民和民族价值。该体系要求坚持事实与价值相统一，挖掘中国式现代化道路背后的价值支撑，强化话语体系建构的事实依据，并围绕现代化建设的主题和主旋律进行正面宣传，增强其话语吸引力和感染力。

3. 成风化人，凝心聚力

中国式现代化话语体系建构旨在拉近中国式现代化道路与国内外大众的认知距离，凝聚现代化建设的力量和资源。现代化发展是中国人民的伟大梦想，也是几代人的团结奋斗的结果，因此，中国式现代化话语体系要弘扬团结稳定的正能量，传播中国人民的奋斗精神和团结精神，为现代化建设提供力量支持。同时，该体系要注重与世界对话交流，树立世界视野和中国特色相统一的现代化话语表达，增进中国与世界的沟通和理解，为世界现代化发展贡献中国智慧和中国力量。

4. 连接中外，沟通世界

中国式现代化话语体系建构的目的在于通过语言方式进行国际对话交流，解决问题，增进理解，促进合作。“该体系旨在树立中国的国际形象，展示中国式现代化道路的‘中国风格’，以及中国在世界现代化发展中的独特贡献。它要兼顾中国特色和世界视野，打通中外对话渠道，促进文明互鉴，为世界和平与发展做出更大贡献。”[①]

（三）中国式现代化道路话语体系构建及展示

1. 中国气派在现代化话语体系中的体现

中国式现代化道路话语体系建构旨在展现中国的现代化道路，强调“中国特色”，并以中国视角展示世界现代化进程，同时树立中国作为文明大国和负责任大国形象。这一体系着重体现中国风格的现代化表达，注重客观反映、正面宣传，以此塑造中国的“大国形象”[②]。

2. 展示中国现代化发展的多方位图景

中国式现代化道路不仅注重经济发展，还关注政治、文化、社会和生态等方面的全面发展。其话语体系反映了这一现代化战略布局，以不同的话语形态展现政治、经济、文化、社会、生态等多方位发展的图景，突显中国式现代化道路的特质。

3. 强调和平发展、共同发展的价值追求

中国式现代化道路倡导和平发展、共同发展的理念，致力于维护国际公平正义，为人类社会的和平与发展作出贡献。其话语体系在国际舞台上努力争取认同，同时应对外部话语挑战，以塑造与中国现代化水平相适应的国际形象。

4. 展示社会主义现代化实践的开放与活力

中国式现代化道路是社会主义现代化道路的创新发展，体现了马克思主义现代化理论的实践力量。其话语体系强调社会主义制度下全体人民共同参与现代化建设，突显中国式现代化道路的独特优势与发展特色。

（四）凝聚“天下情怀”，彰显中国式现代化道路的全球价值

中国式现代化道路话语体系在视野上跨越种族边界，凝聚着世界现代化发展的普遍规律与人类共同命运的关切。中国共产党历史经验中的“胸怀天下”精

① 冉雪梅．当代中国诚信建设中的问题及对策研究［D］．重庆：西南政法大学，2019：68.

② 丁海涛．中国特色社会主义诚信建设研究［D］．重庆：陕西师范大学，2017：58.

神，为中国式现代化道路注入了世界视野与全球格局，成为中国为解决世界性问题与推动全球治理所作出的重要贡献的体现。这一思想引导着中国式现代化道路与世界现代化发展大势的对接，将中国特色现代化经验融入世界发展的共同进步中。

首先，中国式现代化道路以大历史观为视角，审视自身的发展模式与经验。解决世界性问题需具备强大能力，而总结中国实践对解决世界性问题提供了重要思路和方法。中国的现代化发展经验既符合世界发展的普遍规律，又凝聚了中华民族历史文明与当代精神力量，为世界现代化发展提供了可资借鉴的范例。

其次，中国式现代化道路以大世界观为视角，审视世界现代化发展的整体格局。中国不仅是世界现代化发展的参与者，更是贡献者和引领者。中国始终秉持合作共赢、开放包容的理念，坚定维护国际公平正义，致力于构建人类命运共同体。中国的发展不仅造福于中国人民，也为世界的和平与发展作出了积极贡献。

最后，中国式现代化道路倡导着人类命运共同体的理念，将人类共同利益与价值追求贯穿于现代化建设的始终。中国式现代化道路话语体系的建构应以此为指导，拓展国际话语空间，促进全球对话与交流，共同推动世界现代化进程，构建人类命运共同体的美好未来。

第三节 中国式现代化进程中的绿色生活方式

一、以宏观视角审视绿色生活方式

绿色生活方式由理论指导到实践，实践发展促进理论改变，最终目标是实现人与自然和谐共生，全面发展个体，维持“自然—社会—人”系统可持续发展。实践受顶层设计、空间布局、发展结构和生产方式影响，需要宏观全局角度把握。

（一）完善顶层制度设计

完善顶层制度设计是指导国家对绿色生活方式的政策性指引，纠偏当前实践中的不合理导向。绿色生活方式的构建需要从社会总体布局、转变发展理念以及完善发展规划等方面着手，强化政治导向，确保绿色生活方式的顶层制度设计符合社会发展实际。

首先，在社会总体布局方面，绿色生活方式的构建需要涉及多元主体，关系到经济、政治、社会、文化、生态等多个方面的全方位变革。因此，需要在生态文明建设制度下推进绿色生活方式，协调各个领域之间的关系，形成合理有效的制度布局。

其次，在转变生活理念方面，顶层制度设计需要深刻转变旧的生活观念，树立基于生态环境保护和人的发展的绿色生活理念。公平的责任理念也应得到建立，确保环境资源的公平配置和合理利用。

最后，在完善发展规划方面，绿色生活方式的形成需要科学合理的发展规划，并打造政府主导、社会响应、公众参与的长效机制。各地区应根据政府相关规定，制定合理的发展规划，推动绿色生活方式的构建。

因此，全面建构绿色生活方式需要在顶层制度设计的指导下，确保政策性指引和政治导向的有效实施，以推动绿色生活方式的全面发展。

（二）新发展理念引领绿色生活方式建设

新发展理念发挥着核心的引领作用，特别是绿色发展理念的深入推广与实践，对于促进经济社会发展方式的转变，具有决定性的影响。绿色生活方式不仅关乎环境保护和生态平衡，更是现代化城乡建设、经济结构优化升级、提升国民生活质量的重要内容。

首先，在技术层面，推广节能环保技术和产品，通过科技创新降低绿色生产和生活的成本，提高其普及率。例如，发展太阳能、风能等可再生能源，以及推动电动汽车等低碳交通工具的使用，都是创新引领下的绿色生活实践。同时，创新还应体现在管理模式和政策制定上，比如实施差异化的绿色税收政策，引导消费者和生产者做出环保选择。

其次，协调发展理念要求我们在推进绿色生活方式时，兼顾各区域、各行业和各群体之间的利益平衡。解决好发展不平衡问题，意味着要在保证经济增长的同时，确保资源高效利用和环境质量的提升。例如，在城市化快速推进的过程中，应注重农村地区的绿色发展，避免城乡之间的生态环境差距扩大。绿色发展理念是构建绿色生活方式的核心。这要求在发展经济的每一个环节中都应该坚持环境友好和资源节约型的原则。生产端，推动绿色技术和清洁能源的应用，减少工业污染和资源消耗。在消费端，倡导低碳生活，增强公众环保意识，比如通过媒体和教育向公众普及节能减排的知识，鼓励使用环保产品和服务。

开放发展理念在绿色生活方式中体现为与国际社会的合作与交流。通过学习借鉴国际上成功的绿色发展经验，引进先进的环保技术和理念，同时，通过参与国际环保合作项目，提高国内产业的国际竞争力。值得注意的是，共享发展理念强调在推进绿色生活方式的过程中，确保社会公平正义，使广大人民群众都能共享绿色发展成果。这包括改善环境质量带来的健康益处，以及通过提供绿色就业机会促进就业。

(三) 促进绿色生产方式的全面推行

中国式现代化进程中的绿色生活方式对促进绿色生产方式的全面推行至关重要。在这一进程中，政府的引导和支持至关重要，特别是在鼓励企业进行绿色生产方面。

首先，政府应建立完善的激励机制，其中包括推动绿色财政税收制度和开通绿色技术补贴。这些措施有助于降低企业选择绿色生产方式的成本，从而增加其吸引力。同时，政府还需建立健全的约束机制，对企业进行严格的监督和问责，以确保企业遵循绿色生产标准，从而确保其可持续发展。

其次，为了推动绿色生产方式的全面推行，产业结构的优化也是必不可少的。这包括加快绿色企业的转型升级，增加优质绿色产品的供给，并对产业结构进行优化调整，以绿色发展为方向。在这一过程中，政府应严格制定对企业的耗能标准，推动企业转型升级，并落实目标责任制，实行严格的监察和问责，以确保产业结构的优化符合绿色发展的要求。

再次，构建绿色产业发展空间也是至关重要的一环。政府可以通过深化改革，培育壮大绿色产业主体，创新绿色产业发展方式，加强对绿色科技创新人才的培育，并加快绿色科技成果的转化，从而构建完整的绿色产业链条。这不仅有助于提升绿色产业的竞争力，也有利于推动整个产业结构向绿色化方向发展。

最后，企业在推行绿色生产方式中也扮演着至关重要的角色。企业应树立绿色生产责任意识，加大绿色科技创新投入，提供优质的绿色生态产品，并积极响应国家号召，推动供给侧结构性改革，生产更多绿色生态产品，以满足人民日益增长的优美生态环境需要。企业的积极参与和努力是推动绿色生产方式全面推行的关键因素之一。

二、从中观层面审视绿色生活方式

（一）建立健全环境规制政策体系

建立健全的环境规制政策体系是推动绿色生产方式全面推行的重要举措。政府在这一过程中应发挥主导作用，旨在为企业的绿色生产提供服务并提供政策支持。其中，激励型环境规制政策具有重要意义，可通过降低绿色生产技术应用成本来推动企业采取绿色生产方式。同时，政府也应加快环境规制手段的创新，注重市场化机制和交易市场建设，以便更好地发挥市场协同作用。

环境规制既需要政府主导，又需要促进市场协同作用。因此，应加快完善环境治理和生态保护的市场化机制，有序推进排污权、碳排放权交易市场的建设。此外，还应推进环境规制与财税、金融、创新政策的融合，形成发展合力，以解决环境保护问题。建立健全的环境规制体系需要与其他政策相融合，例如实施企业税收优惠政策、推动国有资本和社会资本投资绿色产业，同时推进技术创新，为绿色生产提供更好的政策支持。

在推行绿色生活方式的过程中，政府的主导作用至关重要，但同时也需要社会各方的积极参与，以营造良好的氛围。为此，必须构建良好的绿色科技创新环境，确保技术成果能够落地实施，为绿色生活方式的推行提供技术保障。只有通过政府和社会各方的共同努力，才能建立健全的环境规制政策体系，推动绿色生产方式全面推行，从而实现经济发展与生态环境保护的良性互动。

（二）法治保障的法律体系建设

绿色生活方式的推进需要“软硬兼施”，即教育引导和法律制度两方面的支持。在构建绿色生活方式的过程中，环保领域的法律法规建设是至关重要的。政府在这一进程中扮演主导角色，应加强立法升级，确保法治环境的健全。尽管已经有了一系列的法规和政策文件，但在立法层面和执法监管方面仍有不足之处。因此，进一步加大环境保护法律制度的创新和监管执法力度至关重要。

第一，应尽快完善生态环境保护相关的法律法规，将生态环境保护责任落实到多元主体，确保有法可依。其次，与国家制定的政策法规相联系，制定具体的绿色生活方式规章制度，以促进人与自然和谐共处。此外，要加快推进绿色消费制度的法律法规建设，并完善生态补偿制度，以激励公众践行绿色生活方式。

第二，严格执行绿色法律法规，确保有法必依、执法必严。执法部门应加强对生态环境保护问题的监管，并严厉打击违法行为。此外，政府部门应通过网络等方式更新环境数据，增加公众参与和监督的渠道。同时，建立统一的执法标准和培育高素质的执法队伍也是至关重要的，以确保执法过程的程序化和合理化。

（三）科技创新助力技术发展

在当今社会，科技创新对于促进技术发展及绿色生活方式的实现具有重要作用。企业的绿色创新不仅仅是一个技术升级的过程，而是一个综合性策略，其核心在于将生态环境效益放在首位，同时兼顾经济效益，力求在经济社会发展与生态环境保护之间达到协调。这种绿色创新策略要求企业关注市场和环境的变化，并在此基础上加大创新力度，以确保技术突破和创新活动能够带来实质性的环境改善和经济效益。

为实现这一目标，企业需要构建一个全面的绿色创新机制，涵盖从清洁技术、低碳技术到循环技术和环境生态技术等多个领域。这种技术体系的建设不仅有助于解决生活和生产中的绿色问题，而且能够推动企业生产过程的绿色化。例如，清洁技术的应用可以降低生产过程中的污染物排放，低碳技术有助于减少温室气体的排放，而循环技术则优化资源的使用，减少废物的产生。通过这些技术的整合与创新，可以构建一个完整的绿色创新技术体系。

此外，建立过程治理创新体系和绿色微观创新体系也是推动企业绿色转型的关键。这涉及源头治理、过程治理和末端治理的全面策略，从而确保绿色生产的全过程都能得到有效管理。源头治理注重于减少生产输入中的环境负担，过程治理着眼于优化生产过程以减少能耗和废弃物，而末端治理则是对生产过程结束后产生的影响进行控制和减缓。

三、从微观层面审视绿色生活方式

每个人都是绿色生活的倡导者、践行者和受益者，我们需要通过改变传统生活方式观念，自觉实践绿色消费、绿色出行、绿色饮食等，加速构建绿色生活行为模式。

（一）提升全民生态环保意识的推动力

第一，加强国民绿色教育。推动绿色生活方式需要从根本上加强绿色教育，将环境保护和可持续发展融入教育课程，培养公民的生态环境意识，从而实现人的全面发展。教育是培养新一代社会成员的必要途径，也是社会经验传承的关键环节。政府应利用各种渠道和方法，逐步将绿色生活理念渗透到社会各个方面，培育公民的环保意识和节约意识，使绿色生活理念深入人心，融入日常行为。

第二，规范绿色教育内容。绿色教育的内容应该涵盖生态环境、科技创新和社会参与等多个方面，构建完整、系统的课程体系，重点关注生活中的实际问题。教育内容应该层次清晰，从理论知识到道德认知再到行为实践，逐步引导受教育者树立和践行绿色生活观念。同时，应根据受教育者的知识水平和年龄特点，灵活设计教育内容，促进他们形成积极的生态环保态度和行为习惯。

第三，丰富绿色教育途径。政府应通过学校教育、媒体宣传、社区活动等多种途径，将绿色教育普及到社会各个角落。学校应将绿色教育纳入课程设置，政府要监督学校履行绿色教育责任。此外，政府还应重视绿色教育人才的培养，提供必要的支持和便利条件，以确保绿色教育事业的顺利推进。

（二）规范消费市场，促进绿色消费

推动绿色生活方式需要建立绿色生产和绿色消费的紧密联系，构建生产与消费之间的互动系统。这一系统要求消费者做出绿色消费选择，推动企业回收和再利用产品，形成生产与消费的良性互动。政府发布的相关指导意见也强调了环境治理从生产到消费全周期的转变，打造产品绿色全生命周期。

第一，改善绿色产品属性与建立绿色消费社区。为了促进绿色消费，需要改

善绿色产品的功能属性，使其既具有道德属性又能满足消费者的实际需求。同时，建立绿色消费社区可以提升社区成员的消费意识，影响他们改变传统的消费习惯，转向绿色消费方式。

第二，利用非理性因素促进绿色消费方式。消费者在决策时往往受到非理性因素的影响，因此需要通过简单、便捷的方式传播绿色产品信息，采用默认设置的方式促进绿色消费行为，以及突出绿色产品长期效益的宣传，提升绿色产品的竞争力。

第三，积极开展绿色价值共创。绿色价值共创是企业与消费者共同协作、共同创造环境可持续性价值的过程。企业应积极了解消费者需求，开发符合消费者需求的绿色产品，从而降低产品市场风险。消费者也通过参与共创过程，提升对绿色产品的理解，产生购买偏好。

（三）积极开展绿色生活行动

第一，在公民参与节能行动中，需要加强对节能重要性的认识，积极参与各类节能宣传活动，包括全国节能宣传周等，了解节能知识，分享绿色生活创建经验。此外，公民在日常生活中应该注意满足自身的合理需求，避免盲目追求过大面积的住房，选择节能型家电和节能灯具，控制室内空调温度等。同时，公民还应该尽量避免使用一次性用品，如购物袋、筷子、餐具等，鼓励使用可重复利用的环保产品，以减少资源浪费。

第二，垃圾分类是一项需要广大居民积极参与的社会活动。居民在垃圾分类中应当从思想理念到行为习惯的转变，认识到垃圾分类对自身周边环境和身体健康的积极作用。他们应该积极参与到垃圾分类组织活动中，如垃圾分类宣传、义务清理等，同时还要监督垃圾分类各环节的程序合理性。居民还应该自觉践行绿色生活，尽量减少生活垃圾的产生，合理处理已产生的垃圾，维护生态环境的美好。

第三，绿色出行是践行绿色生活方式的重要途径之一。公民在选择出行方式时应该优先考虑使用公共交通、骑行或步行等环保出行方式。政府在推动绿色基础设施建设方面应继续加大力度，提供更多的便利条件，如建设新能源汽车充电桩和自行车停车场等，引导居民选择绿色出行方式。公民还应该关注自身出行行为的环保性，避免使用高污染的交通工具，如私家车等，以减少环境污染，推动降污减碳工作的开展。

第四，个人在践行绿色生活方式中扮演着关键的角色，应该通过各种途径积极参与到绿色生活创建行动中。他们可以从小事做起，如节约能源、进行垃圾分类和选择绿色出行方式等，以自身微小的力量推动社会新风尚的形成，维护生态环境的可持续发展。通过共同努力，我们可以为构建绿色和谐社会作出更大的贡献。

第四节　中国式现代化进程中的共同富裕实现

在中国式现代化进程中实现共同富裕既是中国式现代化建设的目标，也是实现中华民族伟大复兴的必然要求。立足新发展阶段，推动共同富裕实质性进展，必须建成中国式现代化经济体系和坚持其指导原则，满足人民美好生活需要，双重提升物质与精神，最终实现中华民族伟大复兴的中国梦。

一、建设中国式现代化经济体系是共同富裕的物质基础

为实现共同富裕，需要通过构建新发展格局、实现高质量发展来实现。这意味着必须建立符合中国基本国情的现代化经济体系，贯彻新发展理念，并对产业、收入分配、城乡发展、生态等方面提出具体要求。建设现代化经济体系不仅是中国式现代化的重要创新，也是夯实共同富裕物质基础、推进共同富裕的基础性安排。

（一）构建现代化经济体系促进产业创新体系

构建现代化经济体系和促进产业创新是新时代中国社会发展的核心任务。创新发展不仅是推动经济增长的关键，更是实现共同富裕和社会进步的基石。在这一过程中，提升国家创新能力并实现高水平的科技自立自强是当务之急。为此，中国必须坚持以科技为第一生产力，人才为第一资源，创新为第一动力的发展理念，全面贯彻科教兴国、人才强国和创新驱动发展的战略。

在科技发展方面，中国应当摒弃过去依赖资源消耗和环境破坏的粗放型经济增长模式，转向更为节约资源和高效的科技高质量发展模式。这一转变不仅需要政府的政策引导和支持，还需要企业和研究机构的积极参与。目标是通过建立一个促进产业创新的现代化经济体系，使中国的工业和技术能够在国际上保持竞争力。

尖端科技的发展是实现科技自立自强的关键。这需要中国在关键技术领域达到国际先进水平或领先，形成在某些领域“人无我有，人有我优”的技术优势。通过掌握关键核心技术，不仅可以提升国家的战略安全，也能促进经济的持续健康发展。此外，建立高效的科技产业转化机制是提升创新效率的关键。利用中国社会主义市场经济的独特优势，将科技创新成果转化为实际产业应用，这不仅能加速技术的市场化进程，还能促进科技与产业的良性互动。

通过这些措施，中国可以推动科技与产业生产的良性循环，进而形成大众创新、万众创业的社会氛围。这样的社会氛围能够激发更多人参与到创新活动中来，为中国的现代化经济体系和产业创新提供持续的动力和源泉。这种全民参与的创新生态系统将是推动中国经济和社会进一步发展的关键。

（二）构筑现代化经济体系促进地区协调

构筑一个能够促进地区协调发展的现代化经济体系，意味着必须超越传统的经济增长模式，转向一个更为全面和均衡的发展策略，以确保城乡及不同地区之间能够实现协调和谐的发展。中国的现代化不仅涉及经济的高速增长，更重视社会的全面进步和环境的持续改善，这要求政策制定者在推动发展的同时，更需关注区域发展的均衡和可持续性。

政府已经认识到，区域发展不均是制约国家整体进步的关键因素之一。因此，实施区域协调发展战略不仅仅是政治宣言，而是一系列实际行动的总称。这包括加强对经济欠发达地区的政策扶持，通过财政转移支付、优惠税收和特定的投资引导，以缩小地区发展差距。同时，促进西部地区的发展已成为国家战略的一部分，通过基础设施建设、教育和医疗资源的均衡分配，以及吸引内外资企业投资，西部地区正在逐步形成新的发展格局。与此同时，东部地区则需推动产业结构升级，从劳动密集型向技术密集型转变，优化经济发展模式，增强创新驱动发展能力。

除了区域之间的协调，城乡协调发展也是构筑现代化经济体系的关键环节。实施乡村振兴战略是深化城乡融合的重要举措，旨在通过改善农村基础设施、提高农业生产效率、促进农产品向高附加值转型，以及提升农村居民的生活质量，缩小城乡差距。同时，落实脱贫攻坚成果，确保脱贫成效的持久性和稳定性，对于防止返贫具有重要意义。此外，拓宽农民增收渠道，通过发展乡村旅游、电子商务进农村等多元化经济活动，为农村居民提供更多就业和创业机会。

总之，我国正逐步构建一个既能促进产业创新又能实现地区协调的现代化经济体系。这样的体系不仅能够促进国家的稳定与繁荣，还能为全体人民提供共享普遍富裕的机会，从而真正实现社会主义现代化国家的目标。这种发展模式体现了中国在追求现代化进程中的独特路径和全球视野，为其他发展中国家提供了有益的参考。

（三）打造绿色生态现代化经济

实现共同富裕，打造绿色生态现代化经济，这意味着不仅要追求经济增长，更要尊重和保护自然环境，将生态文明建设融入经济社会发展的全过程。在新时代，中国必须避免重蹈西方国家在经济发展过程中忽视生态环境保护的错误，而是应当走向一条生态良好的绿色发展之路。

实现绿色生态现代化经济的关键之一是健全资源节约循环利用政策体系。这包括推动资源的有效利用和再生利用，减少资源浪费，提高资源利用效率。同时，还需要构建清洁低碳、安全高效的能源体系，以减少对传统能源的依赖，加快清洁能源的开发和利用，实现能源消耗的减排和碳排放的降低。另一个关键是建立系统化的生态保护和修复机制。这意味着不仅要保护现有的生态环境，还要积极进行生态环境的修复和恢复。这需要加强生态环境的监测和评估，制定并严格执行环境保护政策法规，同时采取措施加强生态系统的保护，恢复生态平衡。此外，倡导居民绿色健康生活方式也是实现绿色生态现代化经济的重要举措之一。这包括加强环境教育和宣传，引导人们树立绿色环保意识，采取积极的环保行动，推广健康的生活方式和消费观念。

（四）构建全方位开放的现代化经济

构建全方位开放的现代化经济是基于对改革开放作为实现现代化和共同富裕必由之路的深刻认识。中国是世界最大的发展中国家，其发展历程充分展示了开放带来的巨大利益，如技术进步、资本流入和市场扩大等。然而，随着国际环境的不断变化，特别是在全球政治经济关系中不稳定和不确定因素增多的情况下，中国必须在扩大开放的同时，确保国家安全和经济稳定，避免外部风险对国内发展的负面影响。

面对世界经济增长的迟缓和复杂多变的国际政治经济格局，“双循环”新发展格局即推动以国内大循环为主体、国内国际双循环相互促进的经济模式，正是对当前形势的积极回应。这一格局旨在通过强化国内市场的主导地位来增强经济的自我支撑能力，同时利用国际市场和资源来优化国内发展的条件和环境。这种战略的实施，不仅能够降低国际不确定性带来的风险，也能够促进中国更高质量地对外开放，推动形成全面开放新格局。

为了实现这一全方位开放的现代化经济体系，中国正着力在保持对外开放的同时，增强内部市场的连通性和活力。这包括深化供给侧结构性改革，优化产业布局，推动科技创新，以及提升服务业和消费的质量和效率。同时，中国也在推动区域经济一体化，通过建设自由贸易区和参与全球治理，强化与国际市场的互动。这些措施旨在在确保国家安全的前提下，通过全面系统的开放策略，使中国经济更好地融入世界经济体系，促进共同富裕和社会主义现代化国家的全面建设。

此外，中国还致力于在全球经济中积极发挥建设性作用，推动构建人类命运共同体，通过多边合作和对话减少国际摩擦，推动全球治理体系更加公正合理。通过这些努力，中国不仅为自身的现代化发展创造了有利条件，也为世界的稳定与发展作出了贡献。这一全方位开放的经济体系不仅是对内部发展需求和外部挑战的答案，也是中国特色社会主义现代化道路的重要表现。

（五）构建共享共治的现代化经济

在中国式现代化进程中，实施收入分配体制改革需要在不同阶段采取协调配套的制度安排，以平衡效率与公平，缩小收入差距。

首先，在初次分配阶段，应强调效率与公平的统一。这意味着要完善各要素按贡献参与分配的机制，促进非劳动力要素的收益权增加。这可以通过改革税收政策，降低企业税负，鼓励企业加大投资和创新，提高要素市场的竞争性和效率。同时，还需加强劳动力市场的调节，保障劳动者的基本权益，确保他们获得合理的报酬。

其次，在再分配环节，政府的作用至关重要。政府应侧重于公平，通过优化税收结构和改革财产税制度来减少贫富差距。这包括适当调高高收入者的税负，加大对财富的征税，以确保财富的合理再分配。同时，政府还应完善社会保障体系，包括养老、医疗、失业等方面，以保障公民的基本权利，减少社会的不平等现象。

最后，在第三次分配中，可以发挥公益慈善捐赠和志愿服务的作用。这些活动可以通过道德实践来补充完善收入再分配体系，促进资源的更加合理地配置。政府可以通过政策引导和支持，鼓励社会各界积极参与公益事业，推动共同富裕的实现。

总之，这样的制度安排能够促进资源的更加合理配置，推动经济社会的全面发展，实现共同富裕的目标。

二、贯彻中国式现代化政治理念，确保共同富裕的制度保障

随着中国经济规模的不断扩大，经济发展的趋势变得日益复杂，只有坚持并不断完善中国共产党对实现共同富裕的顶层设计，才能从源头上实现自上而下的系统谋划，落实政治保障，促进全体人民共同富裕的目标。

（一）党的全面领导是共同富裕的根本政治保证

在中国式现代化中实现共同富裕需要坚持党的全面领导，因为百年党史彰显了中国共产党团结带领中国人民追求共同富裕的奋斗历程。党始终将国家富强与人民富裕作为自己的初心使命，推动共同富裕的不断前进。党的全面领导是社会主义的本质特征，也是中国特色社会主义发展的最大优势，只有在党的领导下，经济发展与政府作用可以正确处理，中国式现代化才能避免陷入西方式现代化的

困境。

推进领导制度化建设与中国式现代化发展同频共振，需要构建和完善党中央和各级党委领导的工作体制机制，确保各级党委落实党中央的现代化战略。建立中国式现代化发展协调机制，促进资源配置和现代化方针政策的贯彻落实。常态化现代化发展工作会议机制能够及时应对现代化发展中的突发问题，保障现代化战略的顺利实施。

提升领导能力水平与现代化治理效能协同共进，需要充实党领导现代化建设的科学化、专业化、法治化水平。党的领导干部要不断提高政治执行力，将党的领导与全面依法治国相统一，坚定以人民为中心的执政理念引领中国式现代化发展实践。加强党的思想引领，从思想上固本培元，以满足人民日益增长的美好生活需要的执政理念引领中国式现代化发展实践。

（二）以人民为中心是实现共同富裕的主体体现

第一，消除贫困、改善民生、实现共同富裕的社会主义本质要求，表明了党全心全意为人民服务的根本宗旨。从理论和实践两方面来看，尊重人民在历史中的主体地位符合历史规律，人民群众是中国共产党的执政基础，失去了人民的拥护，共同富裕难以实现。

第二，坚持以人民为中心的根本立场需要确保发展为了人民，发展与人民共享。民心是最大的政治，中国共产党的一切工作都应以人民为中心，人民生活是否得到改善、人民权益是否得到保障，是检验党和政府工作的关键。党员干部要敬畏人民，以人民群众的利益为出发点和落脚点，确保每一项决策部署都符合人民群众的根本利益。

第三，中国共产党的根基在人民，人民的拥护是党执政兴国的最大底气。在中国式现代化进程中实现共同富裕，要鼓励人民群众通过勤劳致富，推动全过程民主，让每一位中国公民都能行使公民权利，使国家治理更好地体现人民意志。

第四，建立健全的社会公共政策体系，提高公共服务供给水平，推动构建人人参与、人人享有的公共服务分配格局，将公共资源向农村、基层、欠发达地区倾斜，使发展成果最大程度惠及全体人民。

（三）社会主义基本经济制度是实现共同富裕的体制保障

实现共同富裕需要坚持社会主义基本经济制度，这一制度符合生产关系要适应生产力发展的基本规律，是我国社会主义初级阶段的基本国情和改革开放以来的理论创新和实践探索的重要成果，对国家治理体系和治理能力现代化、促进经济社会发展、实现共同富裕具有系统性的重要影响。

坚持社会主义基本经济制度需要巩固和发展公有制经济，其中国有经济的主导作用至关重要。这包括建立新型国有资产监管机制，加快国有经济产业优化和结构调整，以及提升国有企业的科技创新水平。

坚持社会主义基本经济制度需要促进非公有制经济的健康发展，因为非公有制经济是我国经济发展的重要组成部分。这涉及建立公平的市场竞争环境和法治环境，加大政策支持力度，以及完善市场规则。

持续完善社会主义市场经济体制是坚持社会主义基本经济制度的重要举措。这包括肯定市场在资源配置中的作用，通过市场价格优化社会资源配置，以及加强政府作用，维护市场秩序，推动可持续发展，促进共同富裕。

三、深化中国式现代化文化引领，确保精神共同富裕的实现

共同富裕不仅包括物质和精神生活，也涉及文化引领。在中国式现代化进程中，除了建设现代化经济体系外，还需重视文化引领，实现全民精神共同富裕。这要求明确价值导向、提供多样化公共文化服务、塑造积极健康的舆论环境。人们的精神需求日益多样化，解决精神问题需增强精神力量。通过加强思想基础、提升文化服务、引导舆论等方式促进精神共同富裕。

（一）共同富裕的思想基础是核心价值观与民族共同体建设

强化人民共同奋斗的思想基础是实现共同富裕的关键。其中共同富裕的思想基础——社会主义核心价值观与民族共同体建设——扮演着核心角色。这不仅仅是关于经济增长和物质福利的分配，更涉及精神层面的丰富和发展，强调整个社会的和谐与团结。

强化人民共同奋斗的思想基础是实现共同富裕的关键。在这一过程中，社会

主义核心价值观的宣传和教育至关重要。这些价值观包括富强、民主、文明、和谐，自由、平等、公正、法治以及爱国、敬业、诚信、友善等，它们是引导公民行为和社会发展的基石。通过在学校教育、媒体传播、社区活动等各层面广泛深入地推广这些核心价值观，可以培养出一种积极向上的社会公德，增强国民的社会责任感和集体荣誉感。

同时，构建中华民族共同体意识是推进民族团结和社会稳定的另一重要方面。各民族之间的和谐共处和相互支持是国家稳定和持续发展的基础。通过强化中华民族共同体意识，促进各民族之间的交流与融合，可以有效地消除民族隔阂，增强各族人民对中国梦的认同感。这种强化不仅涉及教育和文化传播，还包括政策层面的支持，如平等推进各民族语言、文化和经济发展。

这种文化引领和精神建设的目的是确保不仅经济上达到共同富裕，更在精神和文化层面实现共同富裕。当全体人民都能在保持个体多样性的同时，共享国家发展的成果，并为实现中华民族伟大复兴的共同理想而努力，这种全方位的共同富裕才能真正实现。这不仅促进了社会的整体和谐，也为中国式现代化提供了持久的精神动力和文化支持。

（二）拓展公共文化服务领域，丰富共同富裕的文化载体

提升公共文化服务，丰富文化载体，促进共同富裕。这一举措旨在提升公共文化服务水平，丰富文化资源，以促进全体人民的文化素养和精神享受。

首先，提升公共文化服务水平是关键。这包括开展免费服务、延时开放等措施，以满足不同群体的文化需求，确保文化资源的平等获取。公共文化服务应以社会效益为首要考量，注重服务的广泛性和包容性，使更多人能够享受到高质量的文化生活。特别要关注特殊群体，如老年人和残障人群，建立无障碍文化服务体系，为其提供更加便捷的文化服务。

其次，发展公共文化产业是拓展文化载体的重要手段。需要扩大文化产品供给，结合市场经济和社会效益，推出高质量的文化产品，以满足不同群体的文化消费需求。通过引入先进的生产技术和创意设计，不断丰富文化产品形式和内容，提升文化产品的品质和吸引力，促进文化消费与市场需求的良性互动。

此外，促进文化繁荣也是助力乡村振兴的重要举措之一。这包括保护和发扬

中华优秀传统文化，将优质文化资源向农村拓展，打造独具特色的公共文化空间。通过建设文化场所、举办文化活动等方式，为农村地区提供丰富多彩的文化生活，激发农民群众的文化创造活力，推动乡村文化的繁荣发展。通过提升公共文化服务水平、发展公共文化产业，以及促进文化繁荣助力乡村振兴，可以为全体人民提供更加丰富、多样的文化享受，推动文化事业的繁荣发展，促进精神共同富裕的实现。

（三）精神文明舆论引导与共同富裕

精神文明的建设和舆论引导在实现共同富裕的过程中起着至关重要的作用。这一过程不仅关系到物质层面的均衡发展，更涉及社会意识形态和文化价值观的形成和传播。为了实现共同富裕，必须在全社会范围内营造一个崇德向善的舆论环境，这需要通过加强宣传引导和政策解读，积极传播正能量来实现。

在具体实施上，强化新闻媒体的正向宣传作用至关重要。新闻媒体作为信息的主要传播渠道，对于形成健康向上的社会风气具有不可替代的影响力。通过报道那些在推动社会和谐、助力共同富裕方面做出积极贡献的个人、集体和事件，可以激励更多人投身到这一伟大社会实践中。新闻媒体也应承担起批评和自我批评的职责，对不良文化思潮进行批判与匡正，清除那些可能阻碍社会进步和文明发展的负面影响。

同时，社会主义先进文化的引领同样不可或缺。通过树立先进典型，例如模范职工、优秀公务员、创新科技人才等，展现他们在各自领域和生活中的优秀行为和高尚品德，可以有效地提升公众的道德标准和行为准则。这种形式的文化引导不仅能够激励人们向善向上，也有助于构建一个和谐、正义的社会环境。

此外，将社会主义核心价值观转化为具体的法律规范也是实现精神共同富裕的关键一步。通过建立和完善相关的法律法规，确保社会行为和文化发展得以规范化管理，从而为人们的精神生活提供健全完善的法律保障。这些法规不仅要规范个人行为，更要引导社会风尚和文化潮流，促进公平正义，加强道德教育和法治教育，从而在更深层次上推动共同富裕的全面实现。

四、构建共建共治共享的现代社会治理体系

推进国家治理体系现代化是实现共同富裕的必要条件。党的二十大报告提出

完善社会治理体系、健全共建共治共享的社会治理制度，以提升社会治理效能。只有通过不断拓展社会治理主体、创新治理体制、丰富治理方法，才能确保构建和谐的社会秩序，从而实现真正的共同富裕。

（一）优化社会治理格局，拓展治理主体参与

在构建共建共治共享的现代社会治理体系方面，需要优化社会治理格局，拓展治理主体的参与，以夯实共同富裕的社会环境。中国式现代化所追求的共同富裕要求各社会主体能够共同合作、共同治理，形成党委领导、政府负责、社会协同、公众参与的治理格局。在这一进程中，党的全面领导起着核心作用，必须确保党的领导地位得到充分落实。政府应当打造“有为政府”，通过加强协调整合作用，有效履行职责，推动治理工作的落实。

同时，社会的协同作用也至关重要。社会治理需要充分发挥社会组织的作用，促进社会组织多样化发展，培养专业化的社会服务机构，以满足不同群体的需求。这意味着要建立健全社会组织的管理机制，激发社会组织的创新活力，推动其更好地融入社会治理体系，为实现共同富裕目标提供更多的支持和帮助。

此外，社会公众的参与也是不可或缺的。要提升社会公众参与社会治理的能力和意愿，积极吸纳公众普遍认同的治理建议，实现全体人民对共同富裕目标的积极参与。这需要建立起有效的信息沟通机制，增强政府与公众之间的互动与沟通，使政府能够更加及时地了解社会民意，作出更加符合人民群众利益的决策。

总之，构建共建共治共享的现代社会治理体系是实现共同富裕的重要保障。在这一过程中，各社会主体都应当发挥积极作用，充分发挥党的领导作用，强化政府的责任担当，推动社会组织的多元发展，提升社会公众的参与意识和能力，共同推进社会治理体系现代化，为实现共同富裕的目标不懈努力。

（二）构建社会治理协同机制，促进社会治理共同体建设

在现代社会治理体系中，完善社会治理机制和建设社会治理共同体是至关重要的。这种构建不仅强化了国家治理体系的现代化，还促进了社会的和谐与共同富裕。社会治理共同体的建设需借助于有效的协同合作机制，这包括为不同社会治理主体之间的协调合作提供必要的平台和机构支持。

社会治理共同体的核心在于各利益相关方——政府部门、市场实体、非政府组织以及普通公民——能够在一个协同和协调的框架内共同参与和推动治理活动。这种协同合作不仅涉及资源的共享和目标的一致，更重要的是形成一种有效的沟通和协调机制，确保所有利益相关方的声音和需求能够得到充分的表达和适当的响应。

为了实现这一点，建立信息共享和沟通机制是基础。这意味着需要有一个透明和开放的信息平台，让所有社会治理的参与者都能够获取必要的信息，增强治理过程的透明度和公众的参与度。信息共享机制能够帮助减少误解和冲突，提高治理效率和效果。

同时，加强社会治理评估、监督和反馈机制也是不可忽视的。这涉及对社会治理活动进行定期的评估和审查，确保治理活动能够达到既定的目标，并对存在的问题进行及时的调整和改进。监督机制不仅需要政府的参与，更需要社会各界的广泛参与，包括专业机构、学术界、媒体以及公众。通过建立有效的反馈渠道，可以收集到来自社会各方面的意见和建议，这些反馈将直接影响到社会治理策略的调整和优化。

综上所述，建设社会治理共同体并构建协同机制是推动社会治理现代化的关键。这需要通过建立有效的合作平台、信息共享机制以及强化评估和监督机制，确保社会治理活动能够反映多元利益，响应社会需求，促进公平与共同富裕，从而达到社会治理的最优状态。这样的治理机制不仅加强了社会的自我调节能力，还提高了政府治理的适应性和效率，为实现共同富裕的社会环境提供了坚实的基础。

（三）智慧社会治理，提升治理效能

构建共建共治共享的现代社会治理体系是实现共同富裕的关键举措之一，而智慧社会治理的实施则为提升治理效能、优化社会治理环境提供了重要支撑。在当前数字化时代，充分利用信息技术和数字化转型是实现智慧社会治理的关键路径之一。通过建设智慧城市和推动数字化转型，我们可以实现对社会问题的实时监测和分析，为政府决策提供更为准确的数据支持，进而提供更便捷、高效的公共服务。例如，利用大数据技术可以对城市交通、环境污染、公共安全等方面进

行实时监测和分析，从而及时应对各种突发事件，提高城市运行效率，提升居民生活品质。

同时，加强法治建设也是智慧社会治理的重要组成部分。法治建设是社会治理的基础和保障，有助于规范社会行为，减少社会矛盾，增强社会公平正义感。通过健全的法律体系和有效的执法机制，可以保障人民群众的合法权益，维护社会秩序稳定。此外，法治建设还能够提高社会信任度，增强政府和公民之间的互信，为社会治理体系的顺利运行提供了坚实基础。

五、中国式现代化进程中实现共同富裕的现实挑战

在中国式现代化进程中，国家经历了从经济起飞到全面发展的阶段，特别是自改革开放以来，中国实现了经济总量的快速增长和人民生活水平的显著提升。然而，实现全民共同富裕依然面临多重现实挑战。这些挑战的核心在于如何在持续推动经济增长的同时，有效解决发展不平衡不充分的问题，确保所有社会成员都能分享到经济发展的成果，这不仅是经济问题，更是社会政策和制度安排的大问题。

（一）实现共同富裕的物质基础需要提升

1. 在经济整合与社会构建各方面面临挑战

在中国式现代化进程中，实现共同富裕的挑战体现在多个层面，尤其是在经济共融与社会结构的调整方面。改革开放以来，中国经济实现了显著的飞跃，显示出经济发展的巨大成功。然而，与这一成就并行的是一系列复杂的社会经济问题，特别是收入分配不均、城乡及区域发展不平衡，这些问题成为制约中国实现共同富裕和高质量发展的关键因素。

尽管中国已成为世界第二大经济体，但其发展依然面临着转型的重大任务。当前，中国正处于经济发展方式转变、经济结构优化以及增长动力转换的攻关期。这一阶段的主要挑战之一是收入差距问题。长期以来，尽管政府实施了多项减少贫困的政策，但收入差距的问题仍然十分突出，城乡之间、不同区域之间乃至不同收入层次之间的收入差异依然显著。例如，城乡居民的收入差距，不仅影响了社会的和谐稳定，也影响了消费结构和生活质量的提升。

2. 中国经济的结构性问题也是实现共同富裕面临的重大挑战

虽然第三产业的比重持续上升，促进了经济结构的优化，但第二产业特别是制造业仍占据重要位置，且区域发展不均衡问题依然突出。东部沿海地区由于早期的政策倾斜及地理优势，发展迅速，而中西部及东北老工业基地的发展则相对滞后，这在一定程度上加剧了地区间的经济差异。

在城镇化进程中，虽然中国的城镇化率持续增长，但新的社会问题随之而来，如大量农村劳动力转移到城市后的就业、住房和社会保障问题，这些都是需要在实现共同富裕中认真解决的问题。此外，随着经济的持续发展，环境压力也日益增大，如何在追求经济增长的同时保护生态环境，实现可持续发展，成为另一个亟待解决的挑战。

综上所述，中国实现共同富裕的路途虽然取得了重要进展，但在面对新时代的发展需求时，还需更加注重收入分配的公平性、经济结构的合理性以及城乡及区域间发展的均衡性。政府需要通过深化改革，完善相关政策，加大法律法规的执行力度，促进教育、医疗、住房等公共服务的均等化，以确保所有社会成员都能在现代化进程中享有更多的福利和机会，共同步入富裕的行列。

（二）实现共同富裕的社会保障能力需要提升

1. 基础公共服务的供给水平存在明显差异

实现共同富裕的核心之一是强化全民基本公共服务的供给，确保每位公民都能享受到平等、高效的公共资源。然而，在中国的现代化进程中，基本公共服务的供给仍面临诸多挑战，这些挑战主要体现在服务水平的地区差异、基层服务能力的不足以及人口动态变化对服务体系的影响等方面。

首先，地区之间的公共服务供给差异是一个长期且复杂的问题。在经济较为发达的城市和沿海地区，由于财政收入较高，教育、医疗、养老等基本公共服务的质量和覆盖范围普遍较好。然而，在中西部及一些经济欠发达地区，由于经济基础相对薄弱，相应的公共服务供给也存在很大短板。这种不均衡不仅限于硬件设施的差异，更在于服务质量、人员培训和技术支持等软性资源的分配上存在明显差距。

其次，基层公共服务的薄弱是推动共同富裕面临的又一大难题。尽管政府一直强调“保基本、强基层”的重要性，但现实中，基层医疗、教育资源的不足仍然是普遍现象。基层医疗机构常常因为缺乏资金、设备和专业人才而无法满足居民的医疗需求，尤其是在一些贫困地区，公民对高质量医疗服务的基本需求难以得到有效满足。

因此，要实现真正的共同富裕，就必须系统地解决这些基本公共服务供给的问题。这需要政府在政策上进行更加精准的设计和投入，优化资源配置，强化基层服务能力，提高服务效率，确保每个区域、每个群体都能享受到公平而优质的公共服务。同时，也需要通过法律和制度的完善，保障公共服务的公平供给，最终实现社会的全面和谐与长远发展。

2. 基本公共服务的供给效率有改进空间

在中国实现共同富裕的战略目标中，提高基本公共服务供给效率是一个关键的挑战。随着社会结构的复杂化，特别是人口老龄化的加剧和城镇化的持续深入，公共服务的需求日益增长，这要求政府在提供服务的同时，也必须关注服务的效率和质量。当前，虽然政府对民生和基本公共服务领域的投入不断增加，但是服务供给的效率仍有待提升，特别是在服务资源分配的公平性、服务项目的针对性，以及服务方式的现代化等方面存在显著的短板。

从公共服务供给结构来看，尽管政府的总体投入增加，但部分地区由于经济发展水平的限制，面向大众尤其是低收入群体的基本公共服务还未能充分覆盖。这种局部的服务结构失衡导致服务资源在社会中的分配不均，中高收入群体往往能够获得更多、更高质量的服务，而低收入群体则在教育、医疗、养老等基本公共服务的获取上面临较大障碍。这不仅违背了社会公平的原则，也削弱了共同富裕目标的实现基础。

在公共服务的针对性和有效性方面，当前一些基本公共服务项目在实施过程中存在诸多问题。例如，在就业服务领域，由于缺乏专业化和前瞻性的培训项目，导致就业培训与劳动市场需求存在脱节，无法有效提升求职者的就业能力和就业质量。同时，职业介绍服务的形式过于单一，缺少针对个体差异的职业规划和指导，这限制了就业服务的实际效用。在医疗卫生领域，基层卫生服务的利用率低下，未能有效缓解大医院的就诊压力，分级诊疗系统的构建仍显不足，导致资源配置效率低下，不能满足群众的基本医疗需求。

此外，随着科技的发展和人口结构的变化，公共服务方式也亟须现代化的转型。当前，养老服务和基本医疗服务仍然较为传统，缺乏足够的创新和灵活性，尤其是在主动服务和智能化服务方面的不足，使得服务的供给无法有效适应现代社会的需求。例如，智能健康管理、远程医疗服务等新兴服务模式的推广应用不足，这限制了公共服务效率的提升。

（三）实现共同富裕的精神文明建设需要提升

1. 有待挖掘的是精神富足的价值内涵

在中国的现代化进程中，实现物质富裕与精神富裕的双重目标是至关重要的。全体人民共同富裕的理念不仅涉及物质层面的富裕，更包括精神生活的充实与提升。然而，在现阶段，中国在精神文明的建设上仍面临诸多挑战，尤其是在文化事业与文化产业的发展上与发达国家相比还有较大差距。这种差距的存在不仅限制了精神文明的深化，也影响了人民群众精神生活的整体质量。

精神文明建设的核心在于提升公民的精神层面的满足感和幸福感，这需要构建一个全面发展的文化生态，其中包括教育、艺术、媒体和科技等多个方面。当前中国社会在加快经济发展的同时，也应更加注重精神文化的养成，特别是在公共文化服务的普及和质量提升上下功夫。例如，加大对基础教育和终身教育的投入，不仅能够提高全民族的文化素养，也能够促进社会主义核心价值观的传播和实践。

然而，由于市场经济体制和社会治理体系尚不完善，中国在道德和文化领域面临着严峻的挑战。物质贫困地区的文化与教育资源短缺，加之信息不对称，使得一部分人民群众在精神层面感到空虚和迷茫，理想信念的缺失问题尤为突出。此外，互联网和新媒体的快速发展虽然极大地丰富了人们的精神生活，但也带来了网络谣言、网络诈骗等一系列网络精神文明问题，这些问题的存在严重影响了网络环境的健康发展和青少年的价值观形成。

为了应对这些挑战，必须从国家到社区各个层面，采取有力措施深化精神文明建设。这包括但不限于完善公共文化设施，例如图书馆、文化中心、博物馆等，以促进文化的普及和传播；加强对文化产业的扶持和规范，鼓励创造原创内容，提升国产文化产品的质量和影响力；加强网络空间的法规建设和监管，清理网络环境，保护公众免受虚假信息和不良内容的侵害。

通过这些措施，不仅能够促进文化事业和文化产业的健康发展，提升公民的精神生活质量，还能够构建一个更加和谐稳定的社会环境，实现真正意义上的共同富裕。这种富裕不仅仅是物质的富裕，更是精神和文化的富裕，是现代化中国不可或缺的重要部分。

2. 公共文化服务水平的提升速度缓慢

在中国现代化的广阔背景下，精神文明建设作为衡量社会进步的关键指标，其发展速度和质量直接影响到国民的幸福感和生活质量。公共文化服务作为精神文明建设的重要组成部分，其发展水平在很大程度上决定了文化事业的普及度和文化产业的繁荣程度。然而，在当前中国的发展过程中，公共文化服务仍面临多重挑战，特别是服务供给与人民需求之间存在的结构性矛盾尤为突出，这不仅影响了文化服务的效率和质量，也制约了人民生活水平的提升。

首先，公共文化事业的供给能力不足是目前面临的一大问题。随着新型城镇化的推进，大量新居民区的建设迅速进行，但相应的公共文化设施建设却未能同步跟进，导致许多居民区缺乏必要的文化设施支持。例如，图书馆、文化中心、艺术馆等基础文化设施在很多新兴居民区并不完善，这限制了居民的文化活动空间和文化享受水平。此外，县域之间公共文化设施的联动发展也较为薄弱，各县之间在资源共享和文化活动上的合作不足，导致了资源的浪费和效率的低下。县域内的公共文化资源整合不足，同样阻碍了文化服务效率的提高。

其次，基层特别是农村地区的公共文化事业形式单一，公众参与度低。许多农村地区的文化活动仍旧局限于传统的形式，缺乏创新和多样性，这不利于吸引更广泛的群众参与进来。缺乏地方特色的公共文化服务标准和目录，导致无法充分利用当地的文化资源，从而影响了群众的参与热情。这种状况导致基层群众往往成为公共文化服务的被动接受者，而非积极的参与者。

最后，随着社会经济的发展和人民生活水平的提高，人民对文化产品的需求越来越高，对多样化、高品质文化产品的需求迅速增长。然而，目前文化产品供给尤其是高品质文化产品的供给仍然不足，与人民的需求存在较大差距。此外，文化产业与科技、旅游等领域的融合发展虽然已取得一定进展，但相比于国际先进水平，仍有较大的提升空间。这种状况限制了文化产业的整体竞争力和发展潜力。

因此，针对这些挑战，需要从政策和实际操作层面入手，加强公共文化服务设施的建设，特别是在新兴城镇化区域和农村地区；推动公共文化资源的优化配置和高效利用；创新公共文化服务的内容和形式，提高服务的吸引力和参与度；同时，加快文化产品供给侧结构的改革，提升文化产品的质量和多样性，满足人民日益增长的文化需求。通过这些措施，可以有效提升公共文化服务的水平，促进精神文明建设的深化，为实现共同富裕贡献文化力量。

第六章 中国式现代化视域下中华民族共同体意识的发展

第一节 中国式现代化与中华民族共同体的关联

“中国式现代化是一个全面而复杂的概念，涉及经济、社会、政治、文化和生态等多个方面的高质量发展。这种现代化不仅仅是经济增长的简单追求，而是要实现全面均衡发展，推动经济结构优化升级，社会主义现代化建设步伐的加快，同时也强调文化的繁荣兴盛和生态环境的保护。”① 中国式现代化特别强调的是发展的质量和效益，通过创新驱动，转变经济发展方式，优化经济结构，推进科技进步和教育普及，提高全民族的科学文化素质和整体竞争力。

中国式现代化的理念中还包括了维护和巩固中华民族共同体意识的重要内容。中华民族共同体意识是基于中华文化的共同认同，这种认同不仅仅体现在共享的历史和文化遗产上，还体现在对国家未来发展方向和目标的共识上。在这个视角下，中国式现代化不仅是物质层面的现代化，更是精神和文化层面的现代化。它倡导通过教育、媒体和其他社会机构来强化这种民族共同体意识，增强国家的凝聚力和社会的稳定性。同时，中国式现代化也致力于实现国家的长期稳定与繁荣。在这个过程中，实现中华民族的完整统一成为一个重要目标。这不仅是政治和地理意义上的统一，更是文化和心理意义上的整合。中国政府在推动现代化进程中，强调通过发展来解决包括台湾、香港和其他地区在内的各种历史遗留问题，力求通过增强共同体意识和提升共同发展的实质成果来实现全民族的团结和统一。

综合来看，中国式现代化是一个综合国家力量、文化传承和社会发展的动态

① 周平. 现代国家基础性的社会政治机制——基于国族的分析视角［J］. 中国社会科学，2020（3）：79.

过程。它根植于中华民族的历史文化传统，又在新的历史条件下展现出独特的现代化道路。这种现代化既是中华民族向前发展的动力，也是民族复兴的战略选择，体现了一种从实际出发、注重实效的现代化路径选择。通过这种方式，中国不仅在追求经济上的富强和社会的和谐，还在努力实现政治的稳定与文化的繁荣，以及生态文明的建设，朝着建设社会主义现代化国家的目标稳步前进。

一、中国式现代化与中华民族的共同价值

在中国式现代化的广阔蓝图中，中华民族的共同价值观是一条贯穿始终的红线，这些价值观深植于共同的历史土壤和文化传统之中，为各民族共同拥有的土地、历史与文化所凝聚。这种深厚的“大一统”的理念，不仅仅是对领土的整合，更是对多元文化和历史记忆的共融共享。在这一过程中，不同民族不断通过政治参与、经济互补及文化交流加强联系，共同维护国家的统一和繁荣，坚定地反对任何形式的外来侵略和内部分裂。

政治上，中华民族历来倡导和维护大一统的传统，这种政治传统不仅强化了国家的中央集权，也确保了各民族能够在平等和谐的基础上共同参与国家治理，这种共治的模式有效地维护了国家的稳定与长治久安。经济方面，各民族共享国家资源，依托各自地理与资源优势，形成了一种资源共享、优势互补的经济体系，这不仅加强了各民族地区的经济联系，也促进了整体经济的均衡发展。

文化层面，中华民族的文化交融和共生历程为中国现代化的道路提供了丰富的精神资源和文化动力。长期的文化融合不仅塑造了包容开放的民族性格，也使得中华文化成为连接不同民族的桥梁，共同抵抗外侮和维护国家主权的历史也强化了民族团结和文化自信。

此外，中国式现代化的路径特别注重解决发展不平衡的问题。通过实施区域发展战略和生态文明建设，中国不仅在追求经济增长的同时，也致力于环境保护和文化遗产的保存，确保了发展的可持续性。这种综合协调发展的策略体现了中国式现代化深谙长远和全局的智慧，是对传统与现代、经济与生态、中央与地方之间平衡的不断探索和实践。

二、中华民族共同体是推进中国式现代化的主体力量

在中国共产党的领导下，中国式现代化承载着深刻的人民性质，体现为人民

不仅是这一过程的建设者，也是其成果的最终受益者。这种现代化进程，本质上是一条全体人民共同参与的道路，旨在实现中华民族的伟大复兴。此过程中，中国人民与中华民族在本质上是同构的，中华民族代表了中国人民的民族属性，这一属性是历史的产物，具有显著的客观性和具体性。

中华民族精神，作为推动中国式现代化的文化动力，是选择现代化道路的重要依据，也是中国对全球文明贡献新形态的根基。要推进中国式现代化，就需要继承并发扬中华民族的文化精神，这包括将中华优秀传统文化与马克思主义相结合，推动这些文化的创新性发展与创造性转化，为中国式现代化提供强大的精神支撑。在这一过程中，各民族文化的交流与融合不断深化，为中华民族精神提供了丰富多元的文化基因，增强了中华文明在包容性和韧性上的独特优势，使其更加有力地支撑现代化进程，抵御和化解各种风险与挑战。

中华民族的团结则是推动中国式现代化的政治力量。民族的稳定是国家稳定的基石，而国家的现代化亦需依托于稳定的国内外环境。铸牢中华民族共同体意识，不仅强化了民族的共同性，还促进了民族间的交流和融合，这对解决问题和维护民族稳定至关重要。进一步加强中华民族共同体意识，能有效解决民族不稳定因素，为国家政治稳定提供坚实保障，从而为持续推进中国式现代化创造一个稳定的政治环境。

至于中华民族的创新创造能力，则是推动中国式现代化的行动力量。这一过程需要各民族的共同参与贡献，各族人民的智慧和资源是推动现代化不可或缺的要素。历史上，中华民族曾创造了无数灿烂的文化和物质财富，显示出其卓越的创新能力。在新的历史条件下，各民族应携手创造更多新的成就，无论是在物质、技术、制度还是文明方面，这些成就将进一步释放中华民族强大的创新潜力，为实现中华民族伟大复兴的目标注入强劲动力。

三、铸牢中华民族共同体意识是中国式现代化的系统方案

中国式现代化的本质特征和基本要求规定了中华民族伟大复兴的理想图景和路径选择。铸牢中华民族共同体是推进中国式现代化的题中之义，是中华民族伟大复兴的基础工程。中国式现代化的本质特征和基本要求贯穿铸牢中华民族共同体的各方面和全过程。中国式现代化在政治、经济、文化、生态、文明等方面的

本质要求和推进方略与铸牢中华民族共同体意识之间内在关联并高度契合。因而，中国式现代化提供铸牢中华民族共同体意识的系统方案。

各民族共同推进中华民族伟大复兴是铸牢中华民族共同体意识的理想根基。中华民族铸成民族共同体，需要坚定的共同价值追求作为基础，各民族具有共同的奋斗目标和行动方向，具有共同的理想，才有进一步融合发展的强劲动力和主客观需求。追求中华民族伟大复兴的理想是各民族共同的价值追求，在实现中华民族伟大复兴的共识引领下，各民族保持团结合作并发展融合，在从传统大一统转型进程中保持民族的统一。在新的历史条件下铸牢中华民族共同体意识，理想目标是超越单个民族或者少数民族与汉族之间的一般性团结，构建中华民族共同体。中华民族共同体作为中国现代大一统国家的民族属性，在民族语境中具有最高的政治文化代表性，中国式现代化是全体中国人民共同参与的现代化，是各民族人民共同实现现代化。中国式现代化在为中华民族共同体提出共同理想目标的同时，也就提出各民族共同行动参与的方向，在共同推进中国式现代化的实践中，促进各民族交往交流交融，在行动中熔铸中华民族共同体意识。

各民族共同接受中国共产党领导是铸牢中华民族共同体意识的政治保障。大一统政治机制是中华民族形成的重要因素。在传统大一统体系中，中央政府根据少数民族的不同情况，分别采用直接设立一般性地方政府、土司制度等因俗施政，在统一性中存在多样性，但前提是各民族共同认同和接受中央政府的政治权威。

中华人民共和国成立后，中国共产党建立新型大一统国家政治体制。新型大一统政治体制与传统大一统体制相比较，废除了对少数民族的歧视和压迫，实行民族平等，共同参与国家民主治理，实行各民族共同当家做主。中国新型大一统国家政治体制的核心政治机制是中国共产党领导，中国共产党作为最高政治领导力量，领导国家事务。从历史、法律和现实等各个方面看，各民族接受中国共产党领导，是各民族人民的历史选择，由宪法规定和受宪法保障，在现实实践中，中国共产党的领导得到各民族人民的支持和拥护。中国共产党领导作为中国新型大一统的核心政治机制，是中华民族共同体的坚定支持、建设和保障力量。通过中国共产党领导，各民族实现平等参与和共同实现现代化的权利和路径。

各民族共同实现富裕是铸牢中华民族共同体意识的经济基础。经济作为民族形成的关键因素，历史上各民族之间的经济交流密切。然而，区域和民族之间的经济发展不平衡成为推进中国式现代化的挑战，少数民族地区的经济发展滞后与其现代化水平不匹配，造成了文化政治认同问题。中国式现代化的目标是各民族共同富裕，通过经济发展的平衡，减少区域之间和民族之间的差距，是推进中华民族伟大复兴的客观要求。

各民族共同当家做主是铸牢中华民族共同体意识的政治动力。与传统民族融合不同，中华民族共同体建立在各民族平等自愿基础上，实现各民族参与国家治理的权利。在民族平等基础上，各少数民族拥有地方自治权，在国家和地方层面均可行使民主权利。中国式现代化进程进一步强调民主治理，为各民族提供了更多参与和决策的机会，促进了中华民族共同体政治认同的凝聚。

各民族共同守护生态家园是铸牢中华民族共同体意识的空间基础。中国地理空间是中华民族共同体形成的关键因素，但也面临地理环境的差异。通过保护生态环境和合理利用地理资源，中国式现代化进程可以促进各民族之间的交往和交流，加强中华民族共同体意识。

各民族共同创造文明新形态是铸牢中华民族共同体意识的文化理想。中华文明的新形态不仅仅是历史的延续，更是各民族共同创造的成果。在中国式现代化的进程中，各民族通过创新和转化，将创造新的文明形态，从而凝聚中华民族共同体的文化认同。

第二节 中国式现代化进程中加强中华民族共同体建设的价值

一、中华民族共同体建设的价值

（一）凸显中华民族共同体建设的重要性

在中华民族的发展史上，团结与融合始终贯穿其中，成为国家繁荣稳定的不可或缺的重要因素。中国共产党在新时代民族工作中，将铸牢中华民族共同体意识作为主线，凸显了党对于中华民族团结与融合的深刻认识和坚定决心。这一理念的重要性在于历史上凝聚众多民族于一个共同体一直是中华民族发展的核心议题。

自古以来，中国就是一个涵盖了众多不同文化、语言和风俗的国家。在历史长河中，多次民族团结与融合的经历为中华民族共同体建设提供了深厚的历史基础。比如在战国时期，这是中国历史上民族交织、战乱频仍的时期，但也是中国先贤开始对民族团结与融合进行思考的时期。墨子和孟子等提出了“兼爱”思想和人性善良的理念，为后世民族团结奠定了思想基础。“在秦汉统一时期，通过统一文字、度量衡等政策促进了各民族之间的交流与融合，加强了国家的凝聚力。而唐宋时期的文化繁荣，则为不同民族之间的交流与融合创造了良好的环境，推动了东西方文化的交流与融合。”①

因此，铸牢中华民族共同体意识不仅是对历史传统的继承与发展，更是对当代社会现实的把握与应对。在当前全球化进程加速、多元文化交流日益频繁的背景下，中华民族共同体意识的强化不仅有助于维护国家的统一与稳定，更能够推动中华民族走向更加光明的未来。这种意识的铸牢需要在全社会形成共识，促进各民族间的交流与融合，增强中华民族的凝聚力与向心力，从而实现民族的团结、和谐与共同发展。

（二）增强民族团结与和谐

中华民族共同体建设的核心目标之一是增强 56 个民族之间的团结与和谐，这一目标在中国的国家战略和社会发展中占据着至关重要的位置。这种团结不仅体现在表面的和谐相处之中，更深层次地反映在各民族对共同价值和目标的认同上，为中国的持续发展和社会稳定提供了根本保障。

在历史的长河中，各民族在长期的共生过程中形成了较为复杂的关系网。这种关系的复杂性不仅表现在文化、语言的多样性上，还包括经济发展水平的差异和地理分布的不均等。中华民族共同体建设通过政策支持和文化交流的方式，系统地解决这些差异带来的挑战，力图构建一个更加公正和谐的民族共生环境。

---

① 杨小柳，陆烨．中国式现代化进程中的中华民族共同体建设［J］．思想战线，2023（04）：74-80.

在实践中，中华民族共同体的建设首先侧重于促进各民族之间的相互了解和尊重。通过教育体制的改革，将民族历史和文化纳入教学内容，使每个民族的青少年都能从小接触并学习到其他民族的语言和文化，这种教育方式有效地促进了青少年的民族团结观念。此外，国家层面上的文化交流活动，如民族艺术节、文化遗产日等，也为增进民族间的相互理解提供了平台。

政策的制定和实施也是增强民族团结的关键。中国政府采取了一系列措施，如经济扶持、基础设施建设、平等就业机会等，以减少经济发展水平上的差异，从而降低因经济原因导致的。这些政策的目的在于确保各民族在社会经济发展中享有平等的机会和权益，从而在实质上增强民族间的团结。

同时，法律上的平等保护也是民族团结不可或缺的一部分。通过完善的法律体系保障各民族的合法权利，加强对民族平等原则的宣传和教育，都是增强民族和谐的有效途径。法律的平等应用为各民族提供了一个公正的社会环境，增强了民族间的信任和尊重。

（三）促进政治稳定与社会共识

在当今多元化和全球化迅速发展的背景下，中国如何维持国家的统一和民族的和谐，一直是国家发展战略中的核心问题。中华民族共同体建设不仅涉及文化和经济的多维整合，更关键的是在政治和社会层面上形成坚实的共识和统一的认同。

中华民族共同体建设的政治价值主要体现在通过强化全民族的认同感和归属感来确保国家政治的稳定性。国家的政治稳定是实现社会发展和经济增长的前提条件。在这一构建过程中，通过塑造共同的历史记忆、文化认同和价值观念，使得来自不同民族背景的人民能够在维护国家利益和促进社会发展的大框架内实现思想和行动的高度一致。

此外，共同体意识的增强还有助于各民族在遵守国家法律和积极参与国家政治生活方面形成共识。在共同体建设的指导下，国家能够通过法律和政策的形式，明确公民的权利和义务，保障每一个民族的合法权益，这不仅增强了民族间的互信与尊重，也促进了法治国家的建设。公民对法律的遵守和对国家政策的支持，是实现政治稳定的基石，也是社会秩序得以维持的关键。

进一步来说，共同体建设通过教育和媒体等多种手段，加强社会主义核心价值观的宣传和普及，使得这些价值观成为全社会的共同遵循。这种价值观的广泛接受和内化，有助于形成积极向上的政治态度和行为，为国家的长远发展提供了强大的精神动力和道德支撑。在此基础上，全社会能够在共同的价值框架下，就国家重大战略和社会政策形成较为一致的意见和支持，从而推动政策的顺利实施和国家治理的有效性。

（四）实现经济共融与协调发展

中华民族共同体建设在推进经济共融与协调发展方面具有深远的价值和重要的意义。在中国这样一个地域广阔、民族众多的国家里，经济发展的不平衡性是一个长期存在的问题。民族地区和边远地区由于历史、地理和文化等因素，常常在经济发展上落后于东部沿海的发达地区。中华民族共同体建设的目标之一，就是通过一系列综合政策措施，实现全国各地区尤其是民族地区的经济共融和协调发展，这不仅有助于缩小区域差异，也是实现全民共同富裕的关键步骤。

首先，政策倾斜和资源配置在民族地区的发展中扮演了至关重要的角色。国家通过制定一系列支持政策，如税收优惠、财政补贴、特别发展基金等，特别是针对民族地区的扶持政策，有效地解决了这些地区在资金、技术、人才等方面的短缺问题。这些政策不仅提高了当地的基础设施水平，如交通、通讯、能源等，还促进了当地教育、医疗和社会服务的改善，从而直接提升了当地居民的生活质量和经济能力。

其次，通过发展适合当地实际的特色经济和鼓励创新，中华民族共同体建设有助于挖掘和利用各民族地区的独特资源。例如，许多民族地区拥有丰富的自然资源和独特的文化资源，国家鼓励这些地区开发与之相符的产业，如旅游业、手工艺品制造业、特色农业等。这些产业的发展不仅能够增加当地的经济收入，还能为当地居民提供就业机会，促进社会稳定和经济自给自足。

此外，促进区域经济一体化也是中华民族共同体建设的重要方面。通过加强区域间的经济合作和市场一体化，使得资本、技术、商品、人才等要素可以在更广阔的范围内自由流动，增强了全国经济的整体竞争力。尤其是通过交通网络的改善和信息技术的应用，极大地促进了边远地区与内地及沿海发达地区的互联互通。

这种经济上的共融和均衡发展对于维护国家的长期稳定与繁荣至关重要。它不仅有助于解决由经济不平衡带来的社会问题，如贫困、失业和地区冲突等，也为构建和谐社会和实现全面建成小康社会提供了坚实的经济基础。通过这样的共同体建设，可以确保中国的现代化建设成果由全体民族共享，最终实现中华民族的伟大复兴。

二、强化中华民族共同体建设在中国式现代化进程中的价值定位

（一）有助于加强民族凝聚力和认同感

加强中华民族共同体建设对于增进民族认同感与归属感具有重要意义。在社会中，不同民族之间的历史、文化和利益等方面的差异可能导致矛盾，进而对国家统一和社会稳定构成威胁。中华民族共同体建设的重要性在于其有助于化解矛盾，促进各民族之间的平等对话与协商，形成共识，从而增进每个民族对大家庭的认同感与归属感。

这种共同体建设不仅有助于形成全国各族人民的共同价值观和认同共识，而且强调了包容性。它允许不同民族保持自己的独特文化与传统，并共同分享国家的发展成果。在当前形势下，我国应制定并实施更加包容性的政策，以推进民族关系的和谐稳定。通过实施这种具有包容性的政策，可以平衡不同民族的利益诉求，化解矛盾，增进各族群众的归属感和认同感，从而凝聚全国各族人民的共识和共同意志，形成对国家统一和社会稳定的坚定支持。

因此，加强中华民族共同体建设不仅是为了实现国家的长治久安，更是为了构建一个多元、和谐的民族关系格局，促进国家的繁荣发展。这需要全社会的共同努力，包括政府部门、学术界、社会组织以及广大民众的参与和支持。只有通过持续不断的努力，我们才能够建立起一个更加团结、稳定、繁荣的中华民族共同体，实现民族团结与社会稳定的长远目标。

中国拥有悠久的历史和灿烂的文化，汉族和各少数民族都有着丰富多彩的传统文化遗产。中华优秀传统文化博大精深，蕴含着丰富的智慧和价值观念，是中华民族的宝贵财富，也是中国式现代化进程中不可或缺的重要组成部分。共同体

建设倡导尊重各个民族的文化传统和习俗，有利于保护和传承各个民族的优秀文化。在全球化的浪潮下，民族文化受到各种冲击和挑战，为了保护和传承民族地区所拥有的丰富民族文化遗产，必须加大文化保护的力度。党和政府制定了一系列文化政策和法规，加强对民族文化的保护和传承。在民族地区，党和政府投入大量资源来保护和修复文化遗产，推动民族文化在新时代焕发新的活力。

同时，传统文化也是增进民族交流与理解的重要纽带，共同体建设鼓励各地区之间的文化交流与合作，通过推广传统文化，加深不同民族对彼此的了解，培养民族融合的意识，推动各族文化在交流中互补共生、相得益彰，此举有助于激发各民族文化的创新力量，形成多元、包容的中华文化。通过加强对传统文化的传承与弘扬，促进全国各族人民对文化的认同感和自豪感，建立起中华民族共同体的精神支柱。

（二）有助于保障民族团结和社会稳定

在中国式现代化进程中，中华民族共同体建设对于促进民族团结与社会稳定起着不可替代的作用。中国每个民族都拥有独特的文化、语言和风俗习惯，这些多元的文化背景构成了中华民族的丰富多彩。在当今多元文化的背景下，构建中华民族共同体对于维护社会稳定和民族团结具有重要意义。

中华民族共同体建设有助于推动民族地区的经济发展和社会进步，从而缩小地区发展差距，提高人民的生活水平，增进民族群众的获得感和幸福感。强调扶贫与发展是中华民族共同体建设的重要内容之一。通过推动经济社会发展，可以有效地化解因经济发展不平衡而产生的矛盾。民族地区的发展不平衡一直是中国面临的重要问题之一，而中华民族共同体建设强调全面协调可持续发展，通过资源的共享与合作，促进民族地区的经济互补与共同发展，进一步提升全国整体的发展水平，从而维护民族团结和社会稳定。

此外，中华民族共同体建设还通过强调文化传承与交流，促进了各民族之间的文化交流与融合。这有助于增进各民族之间的理解和认同，减少文化差异所带来的矛盾和误解，进而巩固民族团结的基础。在全球化和信息化的时代背景下，民族之间的交流与融合更加密切，加强中华民族共同体建设具有更为重要的意义。

和谐社会是中华民族共同体建设的重要目标，强调不同民族之间的和睦相处与互帮互助。加强共同体建设有助于促进民族之间的相互理解与包容，构建和谐社会，营造社会稳定的环境。强调民族团结与融合，加强各个民族之间的交流与合作，有利于拓宽彼此的视野，增进了解，减少误解和偏见，从而推动形成更加和谐的社会关系。

在和谐社会的构建中，中华民族共同体建设也强调社会公平与公正，要求各方平等参与，共享发展成果，缩小不同地区之间的发展差距，优化资源配置，扩大民族地区的发展机遇，实现社会的公正和平等。一个牢固的中华民族共同体能够促进各民族之间的相互支持与帮助，在面对各种挑战与困难时共同应对，确保国家社会的稳定和团结。共同体建设强调守望相助的精神，鼓励各民族之间的互帮互助，共同应对自然灾害和突发事件，共克时艰，有助于增进各民族之间的感情，构建共同抵御外部威胁的合力，确保国家的安全和稳定。

因此，中华民族共同体建设不仅关乎民族团结和社会稳定，也是构建和谐社会、促进社会公平与公正的重要途径之一。只有通过共同努力，加强各民族之间的交流与合作，才能够建立起一个真正和谐、公正、稳定的社会环境，实现中华民族的伟大复兴梦想。

（三）有助于实现中华民族伟大复兴目标

中华民族共同体建设在中国式现代化进程中扮演着实现中华民族伟大复兴目标的必然要求和重要保障的角色。爱国统一战线是实现中华民族伟大复兴的重要法宝，必须加强中华儿女的大团结。这进一步明确了铸牢中华民族共同体意识是实现中华民族伟大复兴的不可或缺之举。

中华民族伟大复兴被视为中国梦的核心内容，是中国共产党的奋斗目标。其主要内涵包括国家富强、人民幸福、民族振兴。而民族振兴的实现离不开中华民族的团结和统一。在中国式现代化的进程中，加强中华民族共同体建设可以促进全国各族人民的凝聚力和向心力，推动中华民族实现伟大复兴的中国梦。在中华民族共同体中，各个民族共享发展成果，形成共同的价值观和认同，加强中国人民的民族意识。

中华民族共同体的建设不仅有助于加强民族之间的团结和统一，还有助于实现中华民族伟大复兴的各项目标。通过促进各民族的共同发展和繁荣，中华民族共同体建设可以提升整个国家的综合实力，推动中国向着富强民主文明和谐的社会主义现代化强国的目标迈进。因此，中华民族共同体建设是实现中华民族伟大复兴的必由之路，其重要性不可低估。只有在共同体的建设中不断加强民族团结，才能够使中华民族实现自身的振兴与发展，迈向更加光明的未来。

中华民族共同体建设在促进资源的共享与流动方面具有重要作用，有助于实现资源优势的互补，推动各地区的共同发展。共同体建设可以激发各族群众的积极性和创造力，凝聚全社会的力量，共同促进中国经济的繁荣发展。这也是中国共产党“两个一百年”奋斗目标的基本要求之一。

中国的稳定和发展离不开民族之间的紧密团结和共同进步。中华民族共同体的建设有助于提升国家的凝聚力和向心力，以维护国家的整体性和稳定性为目标。强调各民族之间团结一心、携手合作，以实现民族之间的紧密融合和团结，共同推进中国走向富强、民族走向振兴。

中华民族共同体建设不仅可以促进各民族之间的经济合作与发展，还有助于推动资源在不同地区间的均衡流动与配置，实现资源的优化利用。通过共同体建设，可以加强各地区之间的交流与合作，促进经济发展的协同增长，进而实现全国各地区的共同繁荣。这种共同体建设不仅有利于中国经济的整体发展，也有助于增进各民族群众的福祉和幸福感，进一步凝聚全国各族人民的共同力量，推动中国实现全面建成社会主义现代化强国的宏伟目标。

三、中国式现代化进程中加强中华民族共同体建设的价值展现

在中国式现代化进程中加强中华民族共同体建设体现了中国共产党持续奋斗的理想与实践。“中国共产党在过去的一百年里，领导人民进行了中国式现代化的探索，并积累了宝贵的历史经验。从‘一化’‘二化’到‘四个现代化’，再到党的十二大将精神文明领域纳入现代化内涵；党的十三大将政治建设纳入；党的十七大将社会建设领域纳入；党的十九大进一步将生态文明建设纳入，形成了经济建设、政治建设、文化建设、社会建设和生态文明建设一体总体布局，中国

式现代化内涵不断完善。"①

中国式现代化遵循中华文明历史逻辑、现代化发展逻辑和科学社会主义运动逻辑，立足于五十六个民族是一家的基本国情，在新时代传承和延续中华文明的根和魂。在这一理念中，蕴含着"共同体"建设逻辑，能够有针对性地解决我国各地区、民族内部的差异性，朝着实现共同性的方向迈进，实现高质量平等发展。加强中华民族共同体建设在中国式现代化进程中的价值体现在于其能够统筹协调各方面资源，实现全面、协调、可持续发展。这种共同体建设不仅能够凝聚各族人民的共同意愿和力量，也能够有效解决民族地区的发展不平衡问题，促进各地区间的互利合作与共同发展。同时，共同体建设还能够保护和传承中华文明的精髓，促进各民族文化的交流与共享，增进各民族之间的相互理解与融合，推动中华民族实现伟大复兴的中国梦。

（一）在经济建设方面，进一步深化利益共享的共同体

在经济建设方面，深化利益共同体是中国式现代化社会主义的本质要求，也是中华民族共同体现代化建设的首要任务。自党的十八大以来，中国通过一系列政策的实施，如区域协调发展、西部大开发、全国统一大市场等，以及具体项目的支持，如援藏、援疆、东西部协作等，民族地区的经济发展得到了显著提升。这些成就为中华民族共同体的现代化建设奠定了深厚的物质基础。

在中华民族共同体经济建设中，深化"三新一高"，保证各民族同步迈向现代化，是其应有的义务。为实现这一目标，需要充分发挥制度优势，中央继续加大对民族地区的支持力度，发达地区搞好对口支援，民族地区发挥自身优势，积极探索特色发展、绿色发展、跨越式发展道路，重点发展基础设施、就业和教育。

在政策引导下，促进经济高质量发展，巩固中华民族共同体的利益联结，形成优势互补、畅通无阻、动态均衡的利益共同体。这意味着各民族在经济发展中享有平等的机会和权利，共同分享发展成果，从而增进彼此之间的互信与合作，

---

① 张伟军，蒋锐. 中国式现代化视域下铸牢中华民族共同体意识的理论逻辑与实践路径［J］. 学术探索，2023，（10）：118-127.

促进全体民族共同繁荣。通过实现经济的共同繁荣，中华民族共同体的凝聚力和稳定性得以增强，为中国式现代化社会主义的全面发展奠定了坚实基础。

（二）在政治建设方面，进一步深化命运相连的共同体

在政治建设上，深化中华民族的命运共同体是中华民族伟大复兴的有力保障。中国共产党的领导是各民族团结和国家现代化成功的关键。坚持党的领导，健全推动民族团结进步发展的体制机制，推进民族事务治理体系及治理能力现代化，是确保民族关系和民族团结统一、共同繁荣发展的重要举措。

在政治上，体现中华民族共同体的社会主义属性，就是坚持各民族一律平等、发展全过程人民民主，保障各民族的政治参与和合法权益。这意味着各民族要在全过程人民民主的进程中积极参与，认识到团结稳定的重要性，主动维护国家的统一和民族的团结。此外，坚持和完善民族区域自治制度，确保各民族在法律面前一律平等，用法律保障民族团结，是中华民族共同体政治现代化建设的重要内容和制度保障。全面依法治国是树立对法律的信仰，增强各族群众法律意识，各族群众自觉按法律办事的过程，只有在法治轨道上开展中华民族共同体的现代化建设，才能确保民族团结的稳固，推动民族关系的健康发展。

深化中华民族的命运共同体不仅是政治建设上的需要，也是国家现代化的必然要求。只有通过制度机制的不断完善、法治观念的深入人心，才能够构建起一个政治上更加成熟、民主、稳定的中华民族共同体，为中华民族伟大复兴提供坚实的政治保障。

（三）在社会建设层面，进一步深化共同治理的共同体

在社会建设方面，深化治理共同体对于中华民族现代化发展至关重要。随着我国经济、城镇化和信息化的不断推进，各民族之间的交往和融合也在不断加深，这为社会治理带来了新的挑战和机遇。在这个背景下，建设各民族人人有责、人人尽责、人人享有的社会治理共同体，以民族团结为生命线，是实现中华民族共同体现代化发展的关键。

社会治理共同体的构建需要全社会的共同参与和努力。必须坚持以人民为中心的发展思想，确保在发展进程中照顾到各个民族的利益，让每个民族都能够分

享到发展的成果。在这个过程中，需要通过建立健全的政策体系和制度机制，保障各民族的合法权益，维护社会的公平正义。

党的二十大报告提出了一系列基本制度和政策，旨在实现全国范围内的共同富裕。其中包括促进就业、消除就业歧视，构建公平的收入分配体系，健全社会保障体系等措施。这些举措旨在实现全国统筹、均衡可及的民生安全网，为各民族提供更好的发展条件和更广阔的发展空间。同时，社会治理共同体的建设也需要重视民族地区和民族群众的参与和贡献。特别是在民族地区，应该加强基层组织建设，提高自治能力和治理水平，让民族群众能够更好地参与到社会治理中来，共同维护社会的稳定和谐

此外，社区在社会治理共同体中扮演着至关重要的角色。社区是各民族群众生活的基本单元，也是各民族之间交流和互动的重要平台。因此，应该加强对社区建设的支持和引导，打造各民族共同的家园，促进各民族之间的交流和融合。

(四）在文化建设方面，进一步深化共同的价值共识

文化建设不仅仅是经济发展的附属，更是中华民族现代化的重要保障和精神支柱。中国式现代化所追求的不仅是物质繁荣，更是精神文明与物质文明相辅相成的高度文明社会。在经济腾飞的同时，必须注重社会主义精神文明建设，促进社会主义先进文化的繁荣发展，提升社会的文明程度，实现中华民族的文化自信向文化自觉和文明自觉的转变，从而推动中华民族共同体建设迈向新的高度。

文化建设的重点在于加强社会主义核心价值观的传承和弘扬。作为中华民族的文化基因，社会主义核心价值观是凝聚全社会共识、引领社会风尚的重要力量。通过深化社会主义核心价值观的教育和宣传，提升广大群众的思想道德素质，引导人们树立正确的世界观、人生观、价值观，促进社会的和谐稳定发展。

文化建设还需要加强对优秀传统文化的传承和创新。中华优秀传统文化是中华民族的宝贵财富，具有深厚的历史渊源和丰富的文化内涵。传承和弘扬中华优秀传统文化，不仅有助于增强中华民族的文化自信心，也能够为现代社会提供丰富的精神食粮和道德引领。同时，也要注重对传统文化的创新和发展，使之与时俱进、与社会需求相契合，为中华民族现代化的发展注入新的文化动力。

文化建设还需要关注民族地区和少数民族的文化保护和发展。我国拥有着丰

富多样的民族文化资源，各民族都有着独特的文化传统和特色，这是中华民族文化多样性的重要体现。要加强对民族地区和少数民族文化的保护，推动其融入中华民族共同体的文化建设中，促进民族文化的传承和发展，实现各民族文化共同繁荣。

中国特色社会主义意识形态的建设是新时代的迫切需求，必须坚持马克思主义的指导地位，弘扬社会主义核心价值观，用先进文化凝聚共识、汇聚力量，特别要弘扬中国共产党人精神谱系，讲好民族团结进步故事，构筑中国精神、中国价值、中国力量。

“五个认同”意识将不断增强，作为中华民族共同体意识的核心内容，已深入人心。随着现代化的加速，我们将加快推动国家通用语言文字普及，推动移风易俗，强化各族人民的国民意识，实现价值共同体的深化

全体中华儿女将从文化自信迈向文化自觉，提升文化素质，增强文化领悟力和创造力，为中华文化的创造创新、中华民族共同体的建设贡献智慧和精神产品。通过中国式现代化的深入发展，“两个文明”的协调发展，各民族将更加坚定走中国特色社会主义文化发展道路，中华民族共同体意识将更加牢不可破，为人类命运共同体和天下大同创造更多的精神产品。

（五）在生态建设方面，进一步深化共同的生命关怀

在中国式现代化进程中，生态建设扮演着至关重要的角色，深化生命共同体成为中华民族现代化的核心使命之一。马克思主义哲学中，人与自然的关系被视为核心，反映了人类与自然、人类与社会、人类与人类以及个体与自身之间最为基本的联系。这种理念早已融入中华文明，强调了对自然的尊重、顺应和保护。在中国共产党的领导下，通过一系列生态工程，如绿化荒原、治理石漠等，塑造了塞罕坝精神、西畴精神等典范，成为生态文明建设的典范。

生态文明思想将“人与自然是生命共同体”作为社会主义生态文明建设的理论基石，强调人与自然、人与人、各民族之间都是生态系统下的生命共同体。它倡导山水林田湖草沙一体化保护和系统治理，推动生态优先、绿色低碳发展，创造普惠的民生福祉，为现代化建设开辟新路径。

中国五千年的文明历史中，始终以生命为本原，追求与自然和谐相处的生产

生活方式。随着中国式现代化的不断推进，各族人民将持续不懈地推进生态文明建设，呵护生态、生境和生命共同体，努力实现可持续发展的目标。这一过程不仅需要政府部门的有力引领和政策支持，更需要全社会的共同参与和广泛动员，唯有如此，方能实现中华民族的生态梦想，构建一个和谐美丽的中国。

第三节　中国式现代化视域下铸牢中华民族共同体意识的进路

以中国式现代化引领铸牢中华民族共同体意识实践，推进中国式现代化与铸牢中华民族共同体意识协同联动融合，是新历史条件下铸牢中华民族共同体意识的现实进路选择，核心是找到中国式现代化本质要求和推进方略与铸牢中华民族共同体意识的目标和措施的结合点，在由政治、经济、空间、制度、文化以及人本身构成的综合体系中铸牢中华民族共同体意识。

一、坚持中国共产党的领导，确保中华民族共同体具有坚强的核心引领

在当今全球化深入发展的历史背景下，中国共产党的领导作为中华民族共同体核心领导力量的重要性愈发凸显。中国共产党不仅是中国特色社会主义事业的领导核心，也是推动国家现代化、维护国家主权、安全和发展利益，实现中华民族伟大复兴的决定性力量。党的领导是中国政治生活的最高政治原则，其理论、路线、方针、政策深刻影响着中国社会的方方面面。

中国共产党自成立以来，始终坚持以人民为中心的发展思想，将民族复兴作为党的最高理想和最终目标。党的领导体现了民族的意志、民族的要求和民族的利益，是实现中华民族共同体意识的政治保障。在实践中，党通过制定和实施符合民族发展需要的政策，有效调动各方面资源，促进社会主义现代化建设。这种以党为领导的政治体系，确保了国家政策的连贯性和长远性，为中国的稳定和发展提供了坚强的政治保证。

中国共产党在领导中国进行社会主义现代化建设的过程中，始终强调社会主

义核心价值观的培育和普及，通过教育、媒体、文化等多种途径，加强对公民的思想政治工作，增强民族自信心和自豪感，培养和弘扬社会主义核心价值观。通过这种方式，党不仅引导民众认同社会主义道路，而且增强了民族的凝聚力，促进了中华民族共同体意识的形成和发展。

同时，中国共产党在推进民族区域自治和民族团结进步中发挥了核心作用，通过合理的民族政策，确保了各民族平等、团结、互助的关系，有效地维护了国家的统一和民族的团结。党的领导确保了不同民族间的和谐与平等，加强了各民族间的交流交往，形成了携手共进的社会氛围。

此外，党的领导还体现在对外开放和国际交往中，通过积极参与全球治理，推动构建人类命运共同体，提高了国家的国际地位和影响力，也为世界和平与发展做出了重要贡献。这种在国际舞台上的活跃表现，不仅增强了中华民族的自信心和自豪感，同时也使中华民族共同体意识在全球范围内得到了进一步的增强和展示。

总体而言，中国共产党的领导是中华民族共同体实现其历史使命的核心力量。党的领导不仅为中国特色社会主义事业提供了方向和动力，更是推动中华民族伟大复兴，实现国家繁荣富强和人民幸福安康的根本保障。在党的坚强领导下，中华民族共同体的意识将继续深化，为实现中华民族的伟大梦想提供不竭的精神动力和强大的物质基础。

二、完善统一的国家治理架构，促进中华民族共同体的制度建设

在中国这样一个拥有丰富多样的民族组成的大国中，优化统一的国家制度框架对于推进中华民族共同体的制度化建设至关重要。这种制度框架不仅关乎国家的政治稳定与经济发展，更是民族团结与和谐社会的基石。在实践中，这一框架需要综合政治、经济、社会、文化等多个层面的考虑，以确保其全面性和有效性。

中国特色社会主义国家制度体系提供了构建和维护新型大一统国家的政治基础。这一制度体系强调在全国范围内实施全过程人民民主，确保所有民族不仅在法律上平等，而且在政治生活中能够享有平等的参与权和表达权。这种民主制度的实践有助于构建一个每个民族都能感受到公平和正义的社会环境，从而增强国

家的内部凝聚力。

在推进制度化建设过程中，跨民族的国家治理体系起到了至关重要的作用。这一体系通过整合各民族的特点和需求，形成统一而不是单一的治理结构。通过这样的治理结构，可以有效避免民族身份成为获得特定权利的依据，确保国家资源和权利的公平分配。此外，国家通用语言文字的普及和少数民族教育的现代化是提升全民族教育水平，促进文化交流和理解的关键步骤。这不仅有助于打破语言和文化障碍，还能促进各民族之间的沟通与合作，从而为国家的整体进步打下坚实的基础。

与此同时，总体国家安全制度的完善也是保障中华民族共同体稳定的重要环节。“在这一制度框架下，需要关注边疆安全、生态保护和文化遗产的保护，这些都是民族地区常见的风险点。通过有效的政策和措施，可以预防和解决这些潜在的风险问题，保障民族地区的持续稳定和发展，避免由于忽视这些问题而引发的社会不稳定因素。”①

这一系列的制度安排和政策实施，不仅强化了中华民族共同体意识的构建，也为不同民族的和谐共处提供了坚实的制度保障。通过不断优化和完善这一制度框架，可以更好地推进国家的长远发展，同时保障每个民族的根本利益和发展需求，实现真正意义上的共同富裕和全面发展。在全球化的今天，这种制度框架的优化和实施不仅对中国内部具有重要意义，对维护世界的和平与发展同样具有不可忽视的影响力。

三、促进民族地区高水平发展，夯实中华民族共同体的物质基础

在国家的发展战略中，提升民族地区的高质量发展是实现社会和谐与持久稳定的核心任务之一。民族地区，特别是那些边远和少数民族聚居的地区，往往面临着更为复杂和严峻的发展挑战。为了全面推动这些地区的现代化进程，中国政府已将高质量发展置于政策优先级，旨在通过一系列具体措施确保各民族能够平等参与和共享国家发展的成果。

---

① 杨磊，李锦鑫. 中国式现代化视域下中华民族共同体建设的米历史进程、特色范式、实践路径［J］. 2024（02）：21.

高质量发展政策的核心在于创新和可持续性。通过推动产业结构优化和升级，以及基础设施的现代化，可以为民族地区的长期发展奠定坚实的基础。例如，通过引进高新技术和推广数字经济，可以有效地解决这些地区的信息孤岛问题，促进信息的流通和资源的有效分配。此外，基础设施建设如交通、水利、能源和信息网络的完善，不仅可以提高当地居民的生活质量，还能吸引外部投资，促进地区经济的多元化发展。

扩大开放也是促进民族地区高质量发展的重要策略。通过利用“一带一路”倡议等国家战略，民族地区可以加强与国际市场的连接，特别是与邻国的经济合作，这不仅可以带来资本和技术的流入，还能为当地产品找到更广阔的市场。这种对外开放不仅限于经济层面，更包括文化交流和教育合作，这些都是促进地区全面发展和国际竞争力提升的关键因素。

增强民族地区的内生发展能力是实现自主可持续发展的关键。政策的设计应该鼓励和支持地方政府和企业发挥自身优势，开发适合本地条件的产业，同时加强人力资源开发，提升当地居民的职业技能和教育水平。通过对口支援政策，发达地区和企业可以在资金、技术、人才等方面为民族地区提供必要的支持，帮助其构建起自我发展的能力，减少对外部援助的依赖。

这些举措的实施，将有助于构建一个均衡发展的国家经济体系，确保民族地区不仅能够赶上全国的发展步伐，还能在国家发展的大局中发挥独特和积极的作用。通过这样的发展模式，不仅可以增强民族地区的物质基础，更能深化各民族之间的交流与合作，增强中华民族共同体的凝聚力，为中华民族的伟大复兴提供坚实的支撑。

四、推进各民族融入现代化进程，提升中华民族整体精神素质

推动各民族的现代化进程对于提升中华民族共同体的精神层面具有深远的影响。民族的现代化不仅仅是简单的技术或经济层面的更新，更是一种深层次的文化、社会与心理的转变。中国政府提倡的以人民为中心的现代化理念，核心在于实现每一个公民的全面发展和提升国民整体的生活质量，这包括了各民族人民的生存方式、价值观念、社会关系的现代化。

首先，生存方式的现代化是一个全面的过程，涉及从传统农耕、游牧等生活

方式向更多元和现代化的经济活动转变。这一转变不仅仅是生产方式的改变，更包括生活条件的改善、教育水平的提高和健康保障的增强。城市化进程的推进使得原本较为封闭的地区更加开放，提供了更多的就业机会，更广阔的社会交往平台，促进了社会经济结构的优化。这种转变，尽管面临诸多挑战，如文化失衡、环境压力等，但长远来看，是实现社会稳定和经济持续发展的必要路径。

其次，价值观念的现代化是推动各民族现代化进程中至关重要的一环。这不仅包括传承和创新中华优秀传统文化，使之与现代社会相适应，还涉及通过教育和媒体等手段，普及科学知识和社会主义核心价值观，提升公民的法治意识和社会责任感。

最后，社会关系的现代化要求打破传统的身份界限和社会等级，推动基于平等、互信的社会关系建设。在这一过程中，法律发挥着基础和保障作用，通过健全的法律制度确保每个民族和每个公民在政治、经济、社会生活中的权利得到平等保护，无论其民族身份如何。这种以法治为基础的现代社会关系构建，不仅有助于消除民族间的隔阂，还能促进社会整体的和谐与稳定。

总之，各民族的现代化进程将有效推动中华民族整体精神层面的提升，为中华民族共同体的精神基础打下坚实的基石。这不仅是民族地区的发展需求，更是全国范围内社会进步和文明发展的需要。在这个基础上，中国式现代化的道路将更加坚实，中华民族伟大复兴的目标也将更加光明。

五、创建现代化的中华文明新象征，推广中华民族的现代化形象

在中国迈向现代化的历程中，不仅是经济和技术领域需要转型，文化和价值观的现代化也是至关重要的。为了构建一个与现代社会相契合的中华文明新符号，并有效地推广中华民族的现代化形象，需要深入挖掘和创新中华优秀传统文化的内涵，使之适应当今世界的多元文化环境和全球化挑战。这种文化的现代化不仅涉及内容的更新，更关乎形式的革新和传播方式的改进，确保中华文化的生命力和影响力在全球范围内得以延续和扩展。

中华文化，作为世界上最古老的文明之一，拥有丰富的历史遗产和深厚的文化积淀。在现代化进程中，这一传统的转化与创新，应当着重在继承中求发展，在发展中促创新。例如，通过现代传媒技术，传统文化元素如书法、戏曲、传统

节日等可以以更加吸引人的形式呈现给公众，同时融入现代生活场景，增加其生活化和实用性。此外，通过电影、电视、网络等平台的广泛传播，中华文化的独特魅力可以传达给全球观众，提高其国际影响力。

在推广中华民族的现代化形象方面，强调中华文化的包容性和创新性是关键。中华文明历来重视“和而不同”，在全球化的今天，这一传统优势可以转化为对外交流与合作的重要基础。通过国际文化交流和合作项目，如丝绸之路文化交流计划等，不仅可以展示中华文化的独特魅力，也能促进文化互鉴和共享，建立起中华文化在全球文化体系中的新地位。

此外，中华民族的现代化形象也需要通过教育体系来塑造和强化。教育不仅要传授知识和技能，更应当培养学生对传统文化的认知和自豪感，以及对现代社会价值的理解和认同。通过教育系统的全面现代化，可以有效地培养具有全球视野和本民族根基的新一代，他们将成为推动中华文化现代化并走向世界的重要力量。

通过上述多方面的努力，可以确保中华文化在全球化的大背景下既保持其独特性，又展现其时代感。这不仅能够加强国内各民族人民的文化自信，更能在国际社会中提升中华民族的整体形象，推动构建人类命运共同体。

六、引导各民族采取中国式的现代化路径

在中国这样一个多民族的国家中，引导各民族走向中国式现代化的路径不仅是政策选择，更是实现国家长远稳定与繁荣的战略需求。中国特有的现代化道路考虑了国家的历史背景、文化传统、经济发展阶段和社会结构，特别是如何在全球化的背景下保持独特性和自主性，同时实现国家的现代化和民族的全面发展。

中国式现代化的核心是坚持和完善中国共产党的全面领导，这一点在民族政策的制定和执行中尤为关键。党的领导不仅体现在政策的制定上，更通过实际行动深入到民族工作的每一个环节。比如，加强党的建设特别是在民族地区，通过培养具有高政治觉悟和专业能力的少数民族干部，这些干部成为推动当地社会经济发展和文化繁荣的中坚力量。他们在了解当地实际的同时，又能确保中央政策的正确实施，保证民族地区与全国发展同步。

此外，中国的现代化路径强调经济发展与社会进步的平衡，特别注重解决好

民族地区的发展不平衡问题。国家通过实施一系列针对性的支持政策和经济措施，如扶贫、教育支持、基础设施建设等，有效地激发了民族地区的内生动力，促进了这些地区的经济和社会发展。乡村振兴战略的实施，更是从多维度提升了民族地区的综合实力，使得这些地区在全国现代化进程中不被边缘化。

同时，中国式现代化也强调文化的自信与传承。在全球化的冲击下，保护和挖掘各民族的文化遗产，支持和促进民族文化的繁荣与传播，是维护民族身份和增强民族凝聚力的重要途径。通过文化活动、教育和媒体的推广等多种方式，使得民族文化在现代社会中焕发新的活力，增强了民族文化的吸引力和影响力。

法治建设也是中国式现代化道路的重要组成部分。在民族地区，加强法治建设，提升民众尤其是少数民族群众的法律意识，不仅是提高治理能力的需要，也是保障民族地区稳定的关键。确保每个民族都能在法律框架下平等参与、公平发展，是维护社会稳定和民族团结的基石。

通过这些综合措施的实施，中国不仅能够引导各民族走向现代化，还能确保这一现代化过程是包容的、可持续的，并且符合中国的国情和各民族的特点。这样的现代化道路不仅有助于实现中华民族的伟大复兴，也为世界提供了一种独特的现代化模式。

七、以人民为本，促进各民族共享现代化的成果

在中国的现代化进程中，以人民为本，促进各民族共享现代化成果不仅是社会发展的需要，也是政策制定的重要原则。中国共产党在推动国家现代化的同时，始终坚持以人民为中心的发展思想，这种思想体现在为各族人民创造更多福祉、更好满足人民对美好生活的向往。实现这一目标，需要在经济、文化、社会等多个方面采取综合措施，确保各民族不仅在法律上平等，而且在社会生活中能够实际感受到平等和公正。

首先，中国的现代化战略强调经济高质量的发展，这不仅涉及国家宏观经济的增长，更重要的是要提升各民族地区的经济发展水平。这种发展是通过优化产业结构、引导资本流向民族地区、支持当地创新和技术升级来实现的。例如，政府通过投资基础设施建设，不仅改善了交通、通信等基础设施，而且为民族地区的产业发展创造了条件。同时，教育和技术培训的普及，提高了当地居民的技能

水平，使他们能够更好地适应经济发展的新需求。

其次，文化和教育的普及是促进各民族共享现代化成果的关键。通过提升教育水平，加强文化交流和文化保护，不仅丰富了民族文化的内涵，也加强了各民族的文化自信。政府对于少数民族语言文字的保护和推广，以及将民族文化的独特元素融入现代教育体系中，有助于保持民族特色的同时，增强各民族在现代社会中的竞争力。

此外，健康和社会安全的保障也是实现各民族共享现代化成果的基础。通过提供更广泛的医疗资源、改善医疗服务质量，以及实施公共健康项目，政府确保了民族地区居民的健康权益。社会安全方面，通过完善的社会保障系统和扶贫攻坚政策，有效缩小了不同地区和民族之间的经济差距，推动了社会的和谐稳定。

在全球化的大背景下，“一带一路”倡议等对外开放战略为民族地区的发展带来了新机遇。通过参与这些国家级的开放项目，民族地区不仅能够吸引外部投资，促进当地经济的多元化，还能通过国际合作提升自身的开放水平和综合竞争力。

通过这些策略的实施，中国不仅在法律和政策层面保证了各民族的平等权利，更在实际操作中确保了各民族能够真正享受到现代化进程中的各种福利和机遇。这种全方位、多层次的发展策略，是中国特色社会主义现代化道路的鲜明特色，确保了国家的长期稳定与持续发展，同时推动了中华民族共同体意识的深入人心。

八、强化社会主义核心价值观的培养以增强各民族对中华文化的认同

社会主义核心价值观的培养和推广是实现社会和谐及文化认同的关键环节。社会主义核心价值观，作为中国社会主义现代化建设的精神支柱和道德指南，不仅包含了富有当代中国特色的社会主义理念，也继承了中华文化的优秀传统。这些价值观在强化国民的文化认同、增进民族团结以及推动中华民族伟大复兴的过程中发挥着无可替代的作用。

强化社会主义核心价值观的教育和传播工作，需要在全社会形成广泛的共识和参与。这不仅涉及教育系统，还包括家庭教育、媒体传播、公共政策等多个方面。在教育体系中，从幼儿园到高等教育阶段，社会主义核心价值观的教育需要

贯穿其中，通过课程设置、教学活动和校园文化的全方位融入，使得学生不仅理解这些价值观的内容，更能将其内化为自身行为的指导原则。家庭作为社会的细胞，其在价值观传承中的作用同样重要。家庭教育应与学校教育相辅相成，通过父母的言传身教，为孩子树立正确的价值导向。

媒体作为信息传播的重要渠道，也承担着传播社会主义核心价值观的责任。通过电影、电视、网络等多种媒介，可以将社会主义核心价值观的相关内容制作成各种形式的文化产品，如影视剧、纪录片、动画等，使其更加贴近公众的生活，增加吸引力和感染力。此外，公共文化活动如展览、讲座、社区活动等也是推广社会主义核心价值观的有效途径，这些活动能够让公众在参与中体验和理解社会主义核心价值观的深刻含义。

文化认同的深化是通过挖掘和传承中华优秀传统文化来实现的。中华文化博大精深，其中蕴含的家国情怀、集体主义精神、崇尚和谐与敬业奉献等元素，与社会主义核心价值观中的内容有着天然的契合。通过对这些传统文化的现代诠释和创新性表达，可以使传统文化在现代社会中焕发新的活力，同时增强全民族的文化自信和自豪感。

最终，通过党的领导和社会各界的共同努力，强化社会主义核心价值观的培养和推广，不仅能够增强各民族对中华文化的认同，更能促进全社会的道德素质和文明程度的提升，为构建和谐社会和实现中华民族的伟大复兴提供坚实的精神支撑和文化基础。这种全方位、多层次的努力，将确保中国在迈向现代化的道路上走出一条具有中国特色的发展道路，实现中华民族的持续繁荣与进步。

参考文献

[1] [美] 丹尼尔·贝尔. 社群主义及其批判者 [M]. 李琨，译. 北京：生活·读书·新知三联书店，2002.

[2] [美] 马莎·L. 科塔姆. 政治心理学 [M]. 胡勇，陈刚，译. 北京：中国人民大学出版社，2013.

[3] [英] 安东尼·史密斯. 民族认同 [M]. 王娟，译. 南京：译林出版社，2018：16.

[4] 孙杰远. 个体、文化、教育与国家认同：少数民族学生国家认同和文化融合研究 [M]. 北京：商务印书馆，2019.

[5] [美] 本尼迪克特·安德森. 想象的共同体 [M]. 吴叡人，译. 上海：上海人民出版社，2016.

[6] [美] 塞缪尔·亨廷顿. 文明的冲突与世界秩序的重构 [M]. 周琪，等译. 北京：新华出版社，2010.

[7] 陈柳，张月友. 推进中国式现代化的经济维度 [M]. 北京：中国财政经济出版社，2023.

[8] 贵州省铸牢中华民族共同体意识研究基地，贵州省民族研究院. 铸牢中华民族共同体意识研究 [M]. 贵阳：贵州大学出版社，2022.

[9] 何士青. 铸牢中华民族共同体意识的法理基础 [M]. 武汉：华中科技大学出版社，2023.

[10] 梁启超. 饮冰室文集 [M]. 昆明：云南教育出版社，2001.

[11] 马戎. 民族社会学：社会学的族群关系研究 [M]，北京：北京大学出版社，2004：399-404.

[12] 人民日报评论部. 正确理解和大力推进中国式现代化 [M]. 北京：人民出版社，2023.

[13] 任初轩. 推进中国式现代化五个重大原则 [M]. 北京：人民日报出版社，2023.

[14] 苏瑞莹. 新时代铸牢中华民族共同体意识思想研究 [M]. 北京：线装书局，2022.

[15] 本书编写组. 中国共产党第十九届中央委员会第四次全体会议文件汇编 [M]. 北京：人民出版社，2019.

[16] 夏征农，陈至立. 大辞海（民族卷）[M]. 上海：上海辞书出版社，2012：4.

[17] 徐迅. 民族主义（第二版）[M]，北京：东方出版社，2015.

[18] 詹小美. 铸牢中华民族共同体意识研究 [M]. 北京：人民出版社，2022.

[19] 张少春. 互嵌式社会与民族团结：人类学的视角 [M]. 北京：社会科学文献出版社，2018：52.

[20] 郑永年. 中国民族主义的复兴——民族国家向何处去 [M]. 北京：东方出版社，2016.

[21] 中共中央文献研究室. 毛泽东文集（第 7 卷） [M]. 北京：人民出版社，1999.

[22] 中国社会科学院经济研究所. 中国经济报告（2023）：推进中国式现代化 [M]. 北京：中国社会科学出版社，2023.

[23] 邹阳阳.《国家通用语言文字法》与铸牢中华民族共同体意识研究 [J]. 西北民族大学学报（哲学社会科学版），2021（6）：45-53.

[24] 陈蒙，雷振扬. 民族地区普法的价值分析与选择 [J]. 青海省社会科学，2017（5）：135-150.

[25] 崔榕. 少数民族中华文化认同的几个基本问题 [J]. 中南民族大学学报（人文社会科学版），2016（3）.

[26] 范春婷，王华敏在“纲要”课中铸牢大学生中华民族共同体意识的逻辑理路 [J]. 学校党建与思想教育，2020，（11）：65-68.

[27] 费孝通. 关于我国的民族识别问题 [J]. 中国社会科学，1980（01）：148.

[28] 费孝通. 中华民族的多元一体格局 [J]. 北京大学学报（哲学社会科学版），1989（4）：58.

[29] 冯月季，石刚. 文化符号学视域下的中华民族共同体意识建构［J］. 思想战线，2021（5）：7.

[30] 宫丽. 论诚信观的传承发展与新时代培育［J］. 学校党建与思想教育，2021：（23）.

[31] 郝亚明. 民族互嵌与民族交往交流交融的内在逻辑［J］. 中南民族大学学报（人文社会科学版），2019，39（03）：8-12.

[32] 李静，高恩召. 从自在、自觉到自为：中华民族发展的历史逻辑［J］. 中央民族大学学报（哲学社会科学版），2021（4）：39.

[33] 李岁科. 国内学术界关于民族领域的协商民主研究综述［J］. 山西社会主义学院学报，2017（4）31-36.

[34] 刘政，郑易平. 大数据赋能：新时代铸牢中华民族共同体意识的技术路径［J］. 中南民族大学学报（人文社会科学版），2023，43（08）：28-33+182.

[35] 周平. 现代国家基础性的社会政治机制——基于国族的分析视角［J］. 中国社会科学，2020（3）：79.

[36] 么加利，付倩. 文化共生观照下中华民族共同体的建构逻辑［J］. 广西民族研究，2021（4）：45-26.

[37] 田钒平. 民法典视野下铸牢中华民族共同体意识的法理探讨［J］. 西南民族大学学报（人文社会科学版），2021（2）：1-9.

[38] 田钒平. 民族自治地方自治机关法定职责划分问题研究［J］. 贵州省党校学报，2019（5）：83-91.

[39] 王仕民，陈文婷. 铸牢中华民族共同体意识的符号表达［J］. 民族学刊，2021（9）：13-15.

[40] 吴月刚，张红. 铸牢中华民族共同体意识背景下民族院校思政课程设置研究［J］. 民族教育研究，2020，31（4）：41-47。

[41] 杨磊，李锦鑫. 中国式现代化视域下中华民族共同体建设的米历史进程、特色范式、实践路径［J］. 新疆大学学报（哲学社会科学版），2024（02）：21.

[42] 杨茂庆，周驰亮，杨乐笛. 文化认同视域下铸牢中华民族共同体意识的逻

辑机理与实践进路［J］. 广西民族研究，2023，(05)：44-51.

［43］杨茂庆，杨乐笛. 回归身心一体：乡村儿童价值观教育的具身性转向［J］. 教育研究，2022（8）73-75.

［44］杨小柳，陆烨. 中国式现代化进程中的中华民族共同体建设［J］. 思想战线，2023，49（04）：74-80.

［45］袁铁峰，石凯月. 苗族的祖源传说与身份认同：以清水江上游清江村田氏为例［J］. 原生态民族文化学刊，2021（4）：66-70.

［46］张劲松，卢巧妹. 文化身份建构：民族、全球化与“一带一路”［J］. 云南社会科学，2016（2）：82.

［47］张前，杨玢，王峥丽. 铸牢中华民族共同体意识文化仪式的空间展演：基于土族“纳顿”庆丰收会的仪式分析［J］. 青海民族大学学报（社会科学版），2021（4）：8-10.

［48］张伟军，蒋锐. 中国式现代化视域下铸牢中华民族共同体意识的理论逻辑与实践路径［J］. 学术探索，2023（10）：118-127.

［49］周传斌. 民族意识研究回顾［J］. 黑龙江民族丛刊，1998（01）：41.

［50］丁海涛. 中国特色社会主义诚信建设研究［D］. 西安：陕西师范大学，2017：(48).

［51］蒋永发. 论中华民族共同体意识［D］. 北京：中共中央党校，2022：120.

［52］李华霖. 铸牢中华民族共同体意识的法治保障研究［D］. 成都：西南民族大学，2022：215.

［53］刘静. 马克思的社会诚信观及其当代价值［D］. 武汉：武汉理工大学，2019：(68).

［54］冉雪梅. 当代中国诚信建设中的问题及对策研究［D］. 重庆：西南政法大学，2019：68.

［55］张志飞. 中国式现代化道路的核心要义与价值意蕴研究［D］. 汉中：陕西理工大学，2023：56.

［56］周欣. 中国式现代化背景下的诚信建设研究［D］. 合肥：安徽医科大学，2023：41.